EXU, POMBA-GIRA E SEUS AXÉS

Evandro Mendonça

EXU, POMBA-GIRA E SEUS AXÉS

*Inspirado pelo Sr. Exu Marabô
e pela Sra. Pomba-Gira Maria Padilha*

© 2017, Editora Anúbis

Diagramação:
Edinei Gonçalves

Capa:
Décio Lopes

Revisão final:
Alex Giostri

Dados Internacionais de Catalogação na Publicação (CIP)
(Câmara Brasileira do Livro, SP, Brasil)

Marabô, Exu (Espírito).
 Exu, Pomba Gira e seus Axés / inspirado pelo Exu Marabô e Pomba Gira Maria Padilha; [psicografado por] Evandro Mendonça. – 1. ed. São Paulo, SP: Anúbis, 2017.

ISBN 978-85-86453-27-4
Bibliografia.

1. Exu 2. Pomba Gira 3. Mistério 4. Umbanda (Culto) I. Padilha, Maria, Pomba Gira. II. Mendonça, Evandro. III. Título.

10-11583   CDD-299.67

Índices para catálogo sistemático:
1. Exu e Pomba Gira : Teologia de Umbanda : Religiões de origem africana 299.67

São Paulo/SP – República Federativa do Brasil
Printed in Brazil – Impresso no Brasil

Este livro segue as novas regras do Acordo Ortográfico da Língua Portuguesa.

Os direitos de reprodução desta obra pertencem à Editora Anúbis. Portanto, não é permitida a reprodução total ou parcial desta obra, de qualquer forma ou por qualquer meio eletrônico, mecânico, inclusive por meio de processos xerográficos, incluindo ainda o uso da internet, sem a permissão expressa por escrito da Editora (Lei nº 9.610, de 19.2.98).

Distribuição exclusiva
Aquaroli Books
Rua Curupá, 801 – Vila Formosa – São Paulo/SP
CEP 03355-010 – Tel.: (11) 2673-3599
atendimento@aquarolibooks.com.br
Impressão e acabamento: Mark Press Brasil

Dedicatória

Essa Obra é dedicada especialmente a *EDITORA ANÚBIS*, na pessoa do senhor *MARCELO, MILENA* por terem eles me apoiado, eu e minhas Entidades, abrindo suas portas na hora em que juntos procurávamos um lugar para repassar a um número maior de pessoas alguns fundamentos, ensinamentos e algumas humildes palavras referente á Religião de Umbanda.

Agradeço em meu nome e em nome das minhas entidades, pelo acolhimento e carinho dados. E peço a todas as Sete Linhas de Umbanda, que abram todos os seus caminhos em todos os sentidos da vida, para que cresçam cada vez mais, material e espiritualmente.

E que essas sementes plantadas vinguem e cresçam e deem muitos frutos a Religião de Umbanda e sua Linha de Esquerda.

Sumário

Prolegômenos	11
Mensagem do Exu e Pomba-Gira	13
Palavras do Autor	17
Introdução	21
Importante	23
Ponto de entrega de Axés	24
Ponto de entrega de Axés como presente	25
Ponto de entrega de presentes	25
Exu – Liberação dos Axés	27
Axé de abertura dos Chacras	27
Axé de Cruzeiro	28
Axé de Mato	31
Axé de Praia	33
Axé de Alma	35
Axé de Fala (Língua)	38
Axé de Chapéu	44
Axé de Coroa	47
Axé de Capa	50
Axé de Bengala	53
Axé de Guia Imperial	56
Axé de Calçado	59

Axé de Cadeira. 63

Axé de Faca. 66

Recomendaçâo Importante 69

Pomba-Gira – Liberação dos Axés 71

Axé de abertura dos Chacras. 71

Axé de Cruzeiro. 72

Axé de Mato 74

Axé de Praia 77

Axé de Alma. 79

Axé de Fala (Língua) 82

Axé de Chapéu. 87

Axé de Coroa 91

Axé de Capa 94

Axé de Bengala. 97

Axé de Guia Imperial 100

Axé de Calçado 103

Axé de Cadeira. 106

Axé de Faca. 109

Axé de Tambor. 112

Mediunidade. 117

Transe 121

Tratamento Espiritual 141

Banho para abrir os caminhos

(Sugestão Exu 7 Encruzilhadas) 141

Defumação para abrir os caminhos

(Sugestão Exu 7 Encruzilhadas) 142

Oferenda para abrir os caminhos

(Sugestão Exu 7 Encruzilhadas) 142

Banho para atrair dinheiro (Sugestão Pomba-Gira Cigana) 143

Defumação para atrair dinheiro (Sugestão Pomba-Gira Cigana) . . 144

Oferenda para atrair dinheiro (Sugestão Pomba-Gira Cigana) 144

Banho de Limpeza e Descarrego

(Sugestão Destranca-Rua ou Maria-Padilha) 145

Defumação de limpeza e descarrego

(Sugestão Destranca-Rua ou Maria-Padilha) 146

Oferenda de limpeza e descarrego (Sacudimento)

(Sugestão Destranca-Rua ou Maria-Padilha) 146

Banho para destrancar (tudo que estiver trancado)

(Sugestão Tranca-Rua das Almas) 148

Defumação para destrancar (tudo que estiver trancado)

(Sugestão Tranca-Rua das Almas) 148

Oferenda para destrancar (tudo que estiver trancado)

(Sugestão Tranca-Rua das Almas) 148

Banho para o amor (Sugestão Maria-Padilha) 150

Defumação para o amor (Sugestão Maria-Padilha) 150

Oferenda para o amor (Sugestão Maria-Padilha) 151

Banho para afastar espírito obsessor (Sugestão Exu-Caveira) 152

Defumação para afastar espírito obsessor

(Sugestão Exu-Caveira) 153

Oferenda para afastar espírito obsessor

(Sugestão Exu Caveira)................................ 153

Banho para estabelecimentos comerciais (Sugestão Exu-Tiriri).... 154

Defumação para estabelecimentos comerciais

(Sugestão Exu-Tiriri) 155

Oferenda para estabelecimentos comerciais

(Sugestão Exu-Tiriri) 155

Banho para prosperidade (Sugestão Rei das 7 Encruzilhadas e

Rainha das 7 encruzilhadas)........................... 157

Defumação para prosperidade (Sugestão Rei das 7

Encruzilhadas e Rainha das 7 encruzilhadas) 157

Oferenda para Exu e Pomba-Gira (Prosperidade) (Sugestão Rei

das 7 Encruzilhadas e Rainha das 7 encruzilhadas) 157

Banho para Conseguir Emprego (Sugestão Exu Sete-Liras) 159

Defumação para conseguir emprego (Sugestão Exu Sete-Liras) . . . 159

Oferenda para conseguir emprego (Sugestão Exu Sete-Liras) 160

Banho para Saúde (Sugestão Exu-Veludo) 161

Defumação para Saúde (Sugestão Exu-Veludo). 162

Troca para Saúde (Sugestão Exu-Veludo). 162

Reflita essas Palavras. 165

Algumas Personificações na Umbanda 167

Recomendações Finais. 169

Prolegômenos

Fenômenos alheios às leis da ciência humana se dão por toda parte, revelando na causa que os produz a ação de uma vontade livre e inteligente.

A razão diz que um efeito inteligente há de ter como causa uma força inteligente e os fatos hão provado que essa força é capaz de entrar em comunicação com os homens por meio de sinais materiais.

Interrogada acerca da sua natureza, essa força declarou pertencer ao mundo dos seres espirituais que se despojaram do invólucro corporal do homem. Assim é que foi revelada a Doutrina dos Espíritos.

As comunicações entre o mundo espírita e o mundo corpóreo estão na ordem natural das coisas e não constituem fato sobrenatural, tanto que de tais comunicações se acham vestígios entre todos os povos e em todas as épocas. Hoje se generalizaram e tornaram patentes a todos.

Os espíritos anunciam que chegaram os tempos marcados pela Providência para uma manifestação universal e que, sendo eles os ministros de Deus e os agentes de sua vontade, têm por missão instruir e esclarecer os homens, abrindo uma nova era para a regeneração da humanidade.

Mensagem do Exu e Pomba-Gira

O tempo é a função e lógica da vida de cada um. Não é a vida que depende do tempo. A natureza age em tudo devagar e silenciosamente para que você perceba que é preciso mudar.

É o primeiro sinal dos Orixás, Guias, Caboclos e Protetores Espirituais, para que você valorize mais e respeite o que já tem.

Não é mais hora de esperar, de observar e ignorar o que a lógica está cada vez mais mostrando. Você está vendo o que está acontecendo à sua volta.

As Entidades Espirituais têm essa relação com a natureza e o tempo, de fazer e ajudar você sair da inércia e dependência de tudo, para ir à busca daquilo que acredita. O seu caminho explica as forças da sua Entidade, porque tudo que ela toca, espelha a forma mais linda e bela, sublime e harmônica.

No entanto, você só percebe e se dá conta disso quando o tempo está no final e você já se encontra em estado de angústia, aflição e sofrimento. Mas saiba que a dor tem essa função.

É por esse motivo que quando você está fraco, deprimido, solitário, tristes ou cansado, percebe a presença de suas Entidades. São nesses momentos que todos os seus bens, conhecimentos, lógicas, orgulhos, vaidades e suas objetividades caem por água abaixo, então você quer encontrar alguém ou algo que o conforte, acalme e o leve de encontro aos seus desejos.

É nessas horas que aparece um "tipo de fé" que você havia esquecido ou não tinha tempo de lembrar, nem mesmo sabia se existia ou onde buscar, então, nessa hora liberte-se de todo o vazio que está dentro de você, e que não faz parte da sua evolução e missão material e espiritual.

Nós Entidades Verdadeiras não queremos que você largue tudo e torne-se ignorante, rebelde, fraco, cego, e projete sua vida totalmente diferente de tudo que já planejou e construiu.

A espiritualidade deseja que você compreenda as suas vontades e desejos interiores, e use todos os seus conhecimentos para ir à busca de si mesmo e de sua verdade, sem ilusões.

Porém, não permita que o seu conhecimento gere o medo. O medo leva à dúvida. A dúvida faz com que você tenha medo de perder tudo. Medo de arriscar, de amar, de acreditar e até mesmo o medo de não ser compreendido e aceito por todos.

Por isso, aprenda a sentir você mesmo, qual o seu desejo; assuma os seus defeitos e as suas qualidades e acredite naquilo que ainda não pode ser explicado.

O mundo é o tempo. O tempo é a vida. A sua vida é a obra silenciosa das entidades em união com você mesmo. Atualmente, você se encontra na beira de um apocalipse interior, exigindo de você caminhos diferentes que o leve à tranqüilidade, paz e felicidade.

A necessidade da busca espiritual tem se tornado mais frequente em sua vida e sem dúvida você tem procurado se libertar da cadeia de insatisfações que o cerca e o une em um sofrimento comum.

Proponha-se a encontrar as forças das Entidades em você mesmo e encontre a verdadeira sensibilidade que o ligara definitivamente às Forças e Energias Espirituais da Natureza.

Se aceitar a sincronicidade das coincidências, permitirá que as Entidades e os seus mistérios encontrem-se com você.

Mais se você não acredita em si mesmos, não pode acreditar nas Entidades. Se você perde a credibilidade em si mesmo, não é possível que sua consciência dê valor a uma Entidade que você nunca viu.

Quando perde o respeito por você mesmo, e não tem o conhecimento do porque disso acontecer, perde as esperanças, a suas referências pessoais e da sua própria vida. Torna-se triste, fraco e desanimado, permitindo que a sua consciência seja dominada por outras pessoas ou até mesmo pela sociedade. Ainda há tempo suficiente. As suas referências ainda se encontram dentro de você. As forças que vêm das Entidades vêm de você mesmo e só o atinge porque você permite.

E para que essas mesmas Entidades continuem existindo e tendo forças sobre a sua vida, elas precisam que você crie um elo de ligação concreto e não mais imaginário para que elas posam entrar e viver.

Elas não irão mudar a sua personalidade nem o seu jeito de ser e de pensar. Elas vão auxiliá-lo a encontrar a sua missão na vida, com seu caminho, com seu desejo, torná-lo mais feliz, visto que você encontrará a vida que elas tanto tentaram mostrar através das coincidências no dia-a-dia.

De agora em diante tenha mais Fé, Confiança; acredite nas Entidades e em você mesmo, e procure se observar a si próprio, pois:

- Conhecer e dominar o seu eu pode ser a mais difícil das tarefas da sua encarnação aqui na terra.
- Uma dádiva lhe será concedida se você lutar com fé, garra e determinação naquilo que você tanto quer.
- Em vez de se julgar tão sábio a seus próprios olhos julgue-se aprendiz de tudo e de todos.
- Todos os seus caminhos serão puros perante os seus olhos, mas não esqueça que o grande Oxalá pesa o Espírito.
- O seu coração planeja seus caminhos, seus objetivos, seus ideais, seus amores, mas nós lhe dirigimos os passos.
- As ansiedades no seu coração lhes deixam sem fé, fracos e abatidos, mas uma boa palavra lhe fortalece e o alegra.
- A ira dos insensatos você conhece nas mesmas horas ou dia, mas o prudente encobre a afronta.
- Não tema em hipótese alguma o pavor repentino, nem as investidas dos perversos quando vier em direção a você.

- Você nunca está só, sempre há alguém a zelar por você.
- Em todo o tempo ame o amigo e para as horas da angústia nascerá com certeza um irmão.
- Os seus pensamentos fazem o que você é e por isso o bom pensamento é a melhor coisa que existe.
- Não deixe de fazer o bem a quem os mereça, estando em suas mãos a capacidade e decisão de fazê-lo.
- O que é negligente e insensato nas suas obras é também irmão do desperdiçador.
- As ignorâncias poderão produzir indiscutíveis e belos fenômenos, mas só com a noção de responsabilidade, bondade e conhecimento, você conseguirá materializar na terra momentos felizes e definitivos de sua Fé.
- Melhor são os seus frutos do que o ouro, do que o ouro refinado, e os seus ganhos mais do que a prata escolhida.
- Vejam então que todos vocês são justificados pelas suas obras, e não somente pela sua Fé.
- Seja você mesmo, não queira ser o outro, assim você pode dizer orgulhosamente: eu sou o que sou e o que vim para ser.

EXU MARABÔ E POMBA-GIRA MARIA PADILHA

Palavras do Autor

É com prazer que ofereço essa belíssima obra referente à Liberação dos Axés de Exu e Pomba-Gira. É uma obra direcionada a todas as pessoas que querem evoluir junto com seus Exus e Pombas-Giras e dentro de seus terreiros ou até mesmo em particular, na suas residências.

Em primeiro lugar, eu quero explicar o significado da palavra "Axé", palavra essa que usaremos muito.

"Axé", força, luz, poder espiritual, (tudo o que está relacionado com a sagrada religião), objetos, Pontos cantados e riscados, limpezas espirituais etc., são poderes ligados às Entidades. Portanto, quando nos referimos a um determinado item referente à Religião contendo a palavra Axé antes estamos nos referindo à força, poder que esse item tem relacionado à Entidade. Quando falarmos em liberação dos Axés de Exu e Pomba-Gira, (Axé de Faca, Axé de Capa, Axé de Chapéu etc.) estamos falando em mais força e poder que estamos dando a Entidade aqui na terra, além da que ela já possui. Nenhum Exu ou Pomba-Gira quer usar uma Capa, Chapéu, Bengala etc. simplesmente para ficar bonito ou alguma finalidade esses utensílios devem ter quando são usados aqui na terra.

Você verá que a pessoa nasce, aprende a falar, caminhar, cresce, aprende a trabalhar e se forma em alguma coisa, gera uma família, fica velha, morre, e deixa muitos frutos, cumprindo assim sua evolução material do começo ao fim. Assim é com os Exus e Pombas-Giras: eles vêm devagar e incorporam nas pessoas, aprendem a falar nossa língua, aprendem a trabalhar aqui na terra para ajudar sua matéria e também outras pessoas. Verá também que a pessoa que passa por toda essa evolução citada anteriormente, com certeza foi uma pessoa boa, honesta, responsável. Com o Exu e Pomba-Gira é a mesma coisa. Se recebeu seus Axés um por um, é porque fez por merecer, ajudando seu filho e outras pessoas cada vez mais, a cada novo Axé recebido. Portanto, os Axés devem ser dados espaçadamente, conforme a evolução do Exu, Pomba-Gira e da matéria; não adianta uma Entidade com todos os Axés e muitas vezes a matéria que ele ocupa está desempregada por meses ou anos, passando até mesmo por dificuldades financeiras, ou até mesmo uma Entidade com todos os Axés e a matéria ser uma pessoa totalmente irresponsável.

Baseado nisso, devemos nós médiuns, manter esses rituais de Axés com os Exus e Pombas-Giras, velhos e novos que vêm chegando, pois além de serem muito bonitos de realizá-los, com certeza a Entidade e a matéria ficarão orgulhosas de recebê-los, por merecimento. Também estaremos mantendo a ordem e uma raiz de evolução a ser seguida dentro dos terreiros.

A cada novo Axé que a Entidade e a matéria forem receber tem que ter feito os dois por merecer, tanto material quanto espiritual. Procure tomar cuidado durante sua caminhada e conquistas religiosas, não deixando nunca subir para sua cabeça, e esteja sempre alerta, pois:

O médium quando é orgulhoso, a Entidade se torna orgulhosa.

O médium quando é irresponsável, a Entidade se torna irresponsável.

O médium quando é picareta, a Entidade se torna picareta.

O médium quando é fofoqueiro, a Entidade se torna fofoqueira.

Porém, o médium quando é responsável, a Entidade se torna responsável.

O médium quando é humilde, a Entidade se torna humilde.

O médium quando é honesto, a Entidade se torna honesta.

O médium quando é evoluído, a Entidade se torna evoluída.

E assim sucessivamente.

Encerro essas palavras com as palavras de um Preto-Velho incorporado no seu cavalo aqui na terra que dizia: *que o sonho dele quando estava encarnado como escravo na terra era de usar um calçado e um chapéu, pois tinha certeza que se assim fosse, teria mais força e poder para trabalhar mais e automaticamente render mais para seu senhor.*

Falará isso muitas vezes ao feitor e ao seu senhor, mas todas às vezes o seu pedido fora negado. *Pense nisso!*

Laroiê Exu Marabô.
Laroiê Pomba-Gira Maria-Padilha.

Introdução

Liberação dos Axés de Exu e Pomba-Gira significa liberar o Exu e a Pomba-Gira para usar alguns determinados utensílios pertencentes a eles quando estão incorporados na matéria.

Após muitos anos de religião, eu particularmente acho que nenhum Exu ou Pomba-Gira verdadeiros precisam de Axé nenhum para usar uma Faca, Chapéu ou dizer alguma coisa, desde que seja feita com muita responsabilidade. O que acontece é que os Exus e as Pombas-Giras são tão humildes na sua evolução e na evolução de sua matéria que se deixam submeter aos rituais de provas ou Axés, não para provarem ser verdadeiros, porque ninguém tem que provar nada a ninguém, a não ser pra si mesmo, e sim para que aja um controle espiritual, uma doutrina, caminho ou até mesmo uma feitura a ser seguida pelos velhos e novos adeptos da Religião.

Explicarei e darei alguns exemplos básicos e simbólicos de como proceder na hora de dar ou receber algum Axé a um determinado Exu ou Pomba-Gira que faça parte do seu terreiro ou até mesmo a um Exu particular que trabalhe sozinho na residência de sua matéria.

Estou e continuarei sendo repetitivo para que possa assimilar melhor o que está escrito nesta obra, usando para isso as palavras mais simples possíveis.

Todos os Axés citados no decorrer deste livro são muito importantes pela sua força tanto para a matéria quanto para o Exu e Pomba-Gira, porém, cito alguns dos vários existentes dentro da Umbanda e sua Linha de Esquerda que eu considero importantíssimos em relação à matéria:

1. **Axé de abertura dos chacras:** Este axé é importantíssimo para a canalização do médium com a sua Entidade. Podendo ser feito logo em seguida que o médium começar a receber sua Entidade e após tê-lo identificado o nome e a origem da mesma.

2. **Axé de Fala ou Língua:** Importante Axé, pois, com ele se ensina e doutrina o Exu e a Pomba-Gira na hora de receber esse Axé. Explicando que ele não deve falar besteiras, fazer intrigas, dizer coisas que não sabe ou não tem certeza, enfim, procurar só dizer coisas boas e o que realmente ele sabe.

3. **Axé de Chapéu:** Protege a Aura do médium, principalmente aqueles que têm a cabeça feita na nação Africana com sangue (Axorô, Menga).

4. **Axé de Calçado:** Protege o médium contra algumas doenças adquiridas no inverno ou em dias frios, por colorarem os pés descalços durante muito tempo em alguns pisos frios, principalmente as mulheres.

5. **Axé de Cadeira:** Indicado para ser dado aos médiuns de idade um pouco mais avançada, liberando o Exu, Pomba-Gira para poder sentar para descansar a matéria durante uma festa ou gira comum que se estenda um pouco mais além do horário, evitando assim o cansaço e o desgaste dessa matéria, ao qual devemos zelar.

6. **Axé de Faca:** Importantíssimo Axé, pois com ele o médium e o Exu ou Pomba-Gira passam a se governar sozinho dentro da Religião, cortando no seu Assentamento (Ponto de Força) e em futuros Assentamentos feito por ele para seus filhos ou pessoas que desejam ter seu Assentamento. E com isso dando continuidade plantando cada vez mais, a Religião de Umbanda e sua Linha de Esquerda.

7. **Axé de tambor:** Esse axé é muito importante para as pessoas que têm terreiros e tocam giras de Umbanda e sua Linha de Esquerda. Com

ele, as suas giras terão mais firmeza, vibração e energia na hora de invocar as Entidades para os trabalhos.

Obs.: Não existe uma ordem para serem dados esses e outros Axés a um determinado Exu ou Pomba-Gira, porém, gostaria de sugerir e aconselhar que o Axé de abertura do chacras seja o primeiro, seguido do Axé de Fala (Língua), e o Axé de Faca seja o último.

Aproveito para lembrar que a nossa querida Umbanda está cada vez mais se perdendo no tempo por causa do tão famoso segredo de religião (fundamento). Segredo esse que muitas vezes os antigos acabam levando para o túmulo.

Não cresce mais por causa do mesmo segredo, onde ninguém ensina nada para ninguém. Não vai para frente por causa do segredo de realizações dos seus rituais, dá até a impressão de que todos os rituais que fizemos devem ser às escondidas e, por causa disso, as pessoas leigas acabam, às vezes, até falando mal da religião por não saber o que ali se passa.

Por isso, devemos esclarecer e ensinar, mostrar, expor, divulgar e falar mais às pessoas leigas sobre nossos rituais, festas, entidades, convidá-las a participarem, só assim, cada um fazendo a sua parte, conseguiremos que a nossa Umbanda cresça com o seu número de adeptos e ocupe o seu devido lugar perante à sociedade.

Importante

É claro que para receber esses e outros Axés, tanto o médium quanto o Exu, Pomba Gira devem estar bem firmes.

Se você nasceu sozinho na religião com a sua Entidade vindo a incorporar em você na sua residência e continuando assim, o certo é você e seu Exu ou Pomba-Gira receberem esses Axés dentro de um terreiro de Umbanda por um médium ou Entidade chefe, podendo também, se preferir, chamar esse médium até sua residência para efetuar os rituais de Axés ao seu Exu ou Pomba-Gira.

Porém, se você não frequenta um terreiro e não quer chamar ninguém faltando um pouco mais de esclarecimento sobre esse assunto, você também poderá dar esses Axés a seu Exu, Pomba Gira de uma maneira mais simples e simbólica que eu ensinarei aqui em forma de Presente dando a oportunidade tanto a você como a sua Entidade de evoluírem juntos, cumprindo assim todos os rituais exigidos na Linha de Esquerda da nossa Querida Umbanda.

Então meus irmãos, todos nós devemos e temos o direito de evoluir seja sozinho, ou acompanhado de outras pessoas e para isso só precisamos querer. E querer é poder. Aja com humildade, simplicidade, honestidade dentro da Religião e você conquistará muitos de seus objetivos ainda não conquistados e procure nunca esquecer que *"Axé só da quem tem"*.

Boa Sorte!

Ponto de entrega de Axés

Esse ponto deve ser cantado na cerimônia de entrega de Axés:

Essa coroa não foi Deus quem lhe deu

Essa coroa não foi Deus quem lhe deu

Ele(a) ganhou dos Sete Exus

Foi o(a) (dizer o nome da entidade que está dando o axé) quem lhe deu

Ele(a) ganhou dos Sete Exus

Foi o(a) (dizer o nome da entidade que está dando o axé) quem lhe deu

Obs.: A palavra Coroa deve ser substituída a cada diferente Axé dado.

Ponto de entrega de Axés como presente

Esse ponto deve ser cantado na cerimônia de entrega de Axés como presente:

Se eu ganhei essa Coroa

É porque eu sou Exu (ou Pomba-Gira)

Se eu ganhei essa Coroa

É porque eu sou Exu (ou Pomba-Gira)

Eu recebo e agradeço

Muito obrigado na Linha do Exu (ou da Pomba-Gira)

Eu recebo e agradeço

Muito obrigado na Linha do Exu (ou Pomba-Gira)

Obs.: A palavra Coroa deve ser substituída a cada diferente Presente dado.

Ponto de entrega de presentes

Esse ponto deve ser cantado na entrega de outros tipos de presentes:

Se eu ganhei esse presente

É porque eu sou Exu (ou Pomba-Gira)

Se eu ganhei esse presente

É porque eu sou Exu (ou Pomba-Gira)

Eu recebo e agradeço

Muito obrigado na Linha do Exu (ou da Pomba-Gira)

Eu recebo e agradeço

Muito obrigado na Linha do Exu (ou Pomba-Gira)

Obs.: A palavra presente vale para todos tipo de Presente dado.

Exu – Liberação dos Axés

Axé de abertura dos Chacras

Este Axé eu considero muito importante para a boa formação, canalização e segurança tanto do médium quanto da entidade quando estão começando o seu desenvolvimento espiritual.

Para simplificar melhor e para o seu melhor entendimento, vou individualizá-los chamando daqui para frente de Axé de Cruzeiro, Axé de Mato, Axé de Praia, Axé de Alma que são alguns nomes de pontos de força de algumas Entidades de Umbanda já conhecido por nós.

Na hora de dar este Axé, além de você estar também firmando a Entidade no seu ponto de origem, estará apresentando o médium ao mesmo. Para que a partir desse momento, toda vez que o médium precisar ir ao ponto de origem da sua Entidade, ou a um desses pontos (cruzeiro, mato, praia, cemitério) para fazer um trabalho ou uma oferenda, possa ser reconhecido por todas as Entidades que ali se encontram presentes. E que elas possam livrá-los de quaisquer investidas maldosas durante o seu trabalho, rituais ou oferenda, lançadas por alguns espíritos sem luz (eguns), e tendo todo o tempo uma total liberdade e segurança dada pelas mesmas para fazer seu ritual.

Este Axé é uma espécie de apresentação e autorização dado ao médium e sua Entidade para realizarem juntos, suas Magias, Rituais, Trabalhos e Oferendas (para o bem) no seu ponto e em todos os pontos de forças da natureza.

Esse Axé é muito forte e delicado perante a espiritualidade, portanto você só pode receber depois que souber o nome e a origem da sua Entidade, se ele é Exu de Cruzeiro, Exu de mato, Exu de Praia, Exu de Alma, e recebê-los das mãos de pessoas que tenham realmente condições e sejam devidamente qualificadas para tal fim, (Babalorixás, caciques ou chefes de terreiros).

Pode também receber esse Axé não só no ponto de origem da sua Entidade, como também em todos os outros pontos de origem citados anteriormente. E assim você e sua Entidade terão passagem livre e mais força e energia, além de um acompanhamento espiritual de outras Entidades ali pertencentes, isso quando você precisar ir a qualquer outro ponto de força da natureza que não seja o da sua Entidade para realizar um determinado trabalho ou oferenda, para alguém ou para si próprio.

Axé de Cruzeiro

Material Necessário

Uma pemba vermelha

Um vidro de mel

Um vidro de óleo de dendê

Uma lata de banha de ori

Uma vela comum branca

Uma garrafa de cachaça

Um charuto comum

Uma caixa de fósforos

Sete rosas brancas

Modo de Fazer

Em uma segunda ou sexta-feira, qualquer lua menos a minguante, depois do médium que for receber o Axé ter tomado seu banho de descarga e de posse do material. De manhã bem cedo, à tardinha ou à noite, se preferir, vá a um cruzeiro aberto, de preferência de terra, afastado da cidade ou que não tenha casas perto. Chegando ao local, proceda da seguinte maneira:

Após saudar os donos da encruzilhada e o Exu que for receber o Axé escolha um dos cantos do cruzeiro que seja limpo acenda a vela e faça direto no chão um circulo de tamanho médio com as sete rosas brancas deixando a vela acesa no centro do circulo, seguindo em frente abra a garrafa de cachaça e virando um pouco do liquido no chão faça outro circulo por dentro do circulo das rosas, de a garrafa de cachaça para o médium que for receber o Axé tomar um gole e deposite a mesma no centro do circulo em pé ao lado da vela.

Por dentro dos dois círculos (rosas, cachaça), faça outro circulo com o óleo de dendê deixando uma pequena sobra no vidro para ser usado no médium.

E por dentro dos três círculos (rosas, cachaça, óleo de dendê), faça outro circulo com o mel deixando uma pequena sobra no vidro para ser usado no médium.

Agora acenda o charuto e de para o médium dar três baforadas para cima e coloque em cima da caixa de fósforos, que deve ficar semi-aberta com a cabeça dos palitos para fora, e depositado no centro dos círculos ao lado da cachaça e da vela.

Faça isso tudo sempre chamando pelo Exu do médium e pedindo tudo de bom para o mesmo.

Seguindo em frente, coloque o médium que deve estar sem calçados em pé ao lado do circulo de frente para o centro do cruzeiro com as palmas das mãos viradas para cima, para que sejam marcados os sete pontos citados abaixo.

Pegue a pemba e risque em forma de cruz três vezes no mesmo local, nos locais citados abaixo:

Nas Frontes, no Pescoço (frente), na Nuca, na Palma das Mãos, nas Costas das mãos, no Peito dos Pés, nas Solas dos Pés, e deixe a pemba dentro do circulo.

Abra a lata da banha de ori, após engraxe o dedo na banha e passe o mesmo em forma de cruz três vezes em cada local, nos locais citados abaixo:

Nas Frontes, no Pescoço (frente), na Nuca, na Palma das Mãos, nas Costas das mãos, no Peito dos Pés, nas Solas dos Pés, e deixe a banha de ori dentro do circulo.

Pegue o óleo de dendê, molhe o dedo e passe o mesmo em forma de cruz três vezes em cada local, nos locais citados abaixo.

Nas Frontes, no Pescoço (frente), na Nuca, na Palma das Mãos, nas Costas das mãos, no Peito dos Pés, nas Solas dos Pés.

E por ultimo pegue o mel molhe o dedo e passe o mesmo em forma de cruz três vezes em cada local, nos locais citados abaixo.

Nas Frontes, no Pescoço (frente), na Nuca, na Palma das Mãos, nas Costas das mãos, no Peito dos Pés, nas Solas dos Pés, e esta encerrada as marcações.

Feito isso tudo, você e o médium deveram cantar o ponto do Exu do médium, e talvez ele incorpore no médium (não obrigatoriamente), somente para cumprimentá-lo e devera subir rapidamente.

Após está tudo encerrado podendo os dois voltar para casa e levarem consigo as sobras dos materiais, como mel e óleo de dendê, sacolas se for o caso, para dar melhor fim.

E lembrando novamente esse Axé é muito bom para firmar tanto o médium quanto a entidade, de muita vibração e muito sério, devendo os dois ter uma boa concentração na hora do ritual, e terem o Maximo de cuidado possível na hora de realizá-lo, para que corra tudo bem e tenham no futuro sucesso absoluto.

Chegando em casa após algumas horas o médium já poderá tomar banho, e ter o Maximo de cuidado possível durante os próximos três dias consecutivos, procurando não ir a velório, enterro,hospital visitar doente, não beber bebida alcoólica, procurar não passar ao meio dia ou a meia noite em ponto nos cruzeiros (salvo se seu trabalho for na rua), não fazer sexo, não brigar nem discutir com alguém e não incorporar a sua entidade em hipótese alguma durante esses três dias.

Axé de Mato

Material Necessário

Uma pemba vermelha
Um vidro de mel
Um vidro de óleo de dendê
Uma lata de banha de ori
Uma vela comum branca
Uma garrafa de cachaça
Um charuto comum
Uma caixa de fósforos
Sete rosas brancas

Modo de Fazer

Em uma segunda ou sexta-feira, qualquer lua menos a minguante, depois do médium que for receber o Axé ter tomado seu banho de descarga e de posse do material.

De manhã bem cedo, à tardinha ou à noite se preferir, vá a um mato bem bonito de preferência que contenha árvores verdes. Chegando ao local proceda da seguinte maneira: após saudar os donos do mato e o Exu que for receber o Axé, escolha um local que seja limpo e que fique de frente para a estrada, picada ou corredor que o levou até esse local. Acenda a vela e faça direto no chão um círculo de tamanho médio com as sete rosas brancas deixando a vela acesa no centro do círculo. Seguindo em frente, abra a garrafa de cachaça e, virando um pouco do liquido no chão, faça outro círculo por dentro do círculo das rosas, dê a garrafa de cachaça para o médium que for receber o Axé tomar um gole e deposite a mesma no centro do círculo em pé ao lado da vela.

Por dentro dos dois círculos (rosas, cachaça), faça outro círculo com o óleo de dendê deixando uma pequena sobra no vidro para ser usado no médium.

E por dentro dos três círculos (rosas, cachaça, óleo de dendê), faça outro círculo com o mel deixando uma pequena sobra no vidro para ser usado no médium.

Agora acenda o charuto e dê para o médium dar três baforadas para cima e coloque em cima da caixa de fósforos, que deve ficar semi-aberta com a cabeça dos palitos para fora, e depositado no centro dos círculos ao lado da cachaça e da vela. Faça isso tudo sempre chamando pelo Exu do médium e pedindo tudo de bom para o mesmo.

Seguindo em frente, coloque o médium que deve estar sem calçados em pé ao lado do círculo de frente para a estrada, picada ou corredor, com as palmas das mãos viradas para cima, para que sejam marcados os sete pontos citados abaixo. Pegue a pemba e risque em forma de cruz três vezes no mesmo local, nos locais citados abaixo:

Nas Frontes, no Pescoço (frente), na Nuca, na Palma das Mãos, nas Costas das mãos, no Peito dos Pés, nas Solas dos Pés, e deixe a pemba dentro do círculo. Abra a lata da banha de ori, após engraxe o dedo na banha e passe o mesmo em forma de cruz três vezes em cada local, nos locais citados abaixo:

Nas Frontes, no Pescoço (frente), na Nuca, na Palma das Mãos, nas Costas das mãos, no Peito dos Pés, nas Solas dos Pés, e deixe a banha de ori dentro do círculo.

Pegue o óleo de dendê, molhe o dedo e passe o mesmo em forma de cruz três vezes em cada local, nos locais citados abaixo.

Nas Frontes, no Pescoço (frente), na Nuca, na Palma das Mãos, nas Costas das mãos, no Peito dos Pés, nas Solas dos Pés.

E por último pegue o mel molhe o dedo e passe o mesmo em forma de cruz três vezes em cada local, nos locais citados abaixo.

Nas Frontes, no Pescoço (frente), na Nuca, na Palma das Mãos, nas Costas das mãos, no Peito dos Pés, nas Solas dos Pés. Estão encerradas as marcações.

Feito isso tudo, você e o médium devem cantar o ponto do Exu do médium, e talvez ele incorpore no médium (não obrigatoriamente), somente para cumprimentá-lo e deverá subir rapidamente.

Após está tudo encerrado podendo os dois voltar para casa e levarem consigo as sobras dos materiais, como mel e óleo de dendê, sacolas se for o caso, para dar melhor fim.

E, lembrando novamente, esse Axé é muito bom para firmar tanto o médium quanto a entidade, de muita vibração e muito sério, devendo os dois ter uma boa concentração na hora do ritual, e terem o máximo de cuidado possível na hora de realizá-lo, para que corra tudo bem e tenham no futuro sucesso absoluto.

Chegando em casa, após algumas horas, o médium já pode tomar banho, e ter o máximo de cuidado possível durante os próximos três dias consecutivos, procurando não ir a velório, enterro, hospital visitar doente, não beber bebida alcoólica, procurar não passar ao meio-dia ou a meia-noite em ponto nos cruzeiros (salvo se seu trabalho for na rua), não fazer sexo, não brigar nem discutir com alguém e não incorporar sua entidade em hipótese alguma durante esses três dias.

Axé de Praia

Material necessário:

Uma pemba vermelha
Um vidro de mel
Um vidro de óleo de dendê
Uma lata de banha de ori
Uma vela branca
Uma garrafa de cachaça
Um charuto comum
Uma caixa de fósforos
Sete rosas brancas

Modo de fazer:

Faça em uma segunda ou sexta-feira, em qualquer lua, menos sob a minguante. De manhã bem cedo, à tardinha ou à noite. Se preferir, vá a uma praia, rio ou riacho e proceda da seguinte maneira:

Saúde os donos da praia, rio ou riacho e o Exu que for receber o Axé, escolha um local que seja limpo, próximo à água e acenda a vela e faça um círculo de tamanho médio com as sete rosas brancas no chão, deixando a vela acesa no centro do círculo. Seguindo em frente, abra a garrafa de cachaça e vire um pouco do líquido no chão fazendo outro círculo por dentro do círculo das rosas, dê a garrafa de cachaça para o médium que for receber o Axé tomar um gole e deposite-a no centro do círculo, em pé, ao lado da vela. Por dentro dos dois círculos (rosas, cachaça), faça outro círculo com o óleo de dendê deixando uma pequena sobra no vidro para ser usado no médium. Por dentro dos três círculos (rosas, cachaça, óleo de dendê), faça outro com o mel, deixando uma pequena sobra no vidro para ser usado no médium.

Acenda o charuto e dê para o médium dar três baforadas para cima e coloque em cima da caixa de fósforos, que deve ficar semi-aberta com a cabeça dos palitos para fora, e depositado no centro dos círculos ao lado da cachaça e da vela. Faça chamando pelo Exu do médium e pedindo tudo de bom para o mesmo.

Seguindo em frente, coloque o médium, que deve estar sem calçados, em pé, ao lado do círculo, de frente para a água, com as palmas das mãos viradas para cima, para que sejam marcados os sete pontos citados abaixo.

Pegue a pemba e risque em forma de cruz três vezes no mesmo local, nos locais citados abaixo:

Nas Frontes, no Pescoço (frente), na Nuca, na Palma das Mãos, nas Costas das mãos, no Peito dos Pés, nas Solas dos Pés, e deixe-a no círculo.

Abra a lata da banha de ori, engraxe o dedo na banha e passe-o em forma de cruz três vezes em cada local, nos locais citados abaixo:

Nas Frontes, no Pescoço (frente), na Nuca, na Palma das Mãos, nas Costas das mãos, no Peito dos Pés, nas Solas dos Pés, e deixe-a banha no círculo.

Pegue o óleo de dendê, molhe o dedo e passe-o em forma de cruz três vezes em cada local, nos locais citados abaixo:

Nas Frontes, no Pescoço (frente), na Nuca, na Palma das Mãos, nas Costas das mãos, no Peito dos Pés, nas Solas dos Pés.

Por último, pegue mel, molhe o dedo e passe-o em forma de cruz três vezes em cada local, nos locais citados abaixo:

Nas Frontes, no Pescoço (frente), na Nuca, na Palma das Mãos, nas Costas das mãos, no Peito dos Pés, nas Solas dos Pés, e esta encerrada as marcações.

Feito isso, você e o médium devem cantar o ponto do Exu do médium. Talvez ele incorpore no médium (não obrigatoriamente), somente para cumprimentá-lo.

Os dois podem voltar para casa e levarem as sobras dos materiais.

Esse Axé é muito bom para firmar tanto o médium quanto a entidade, de muita vibração.

Após algumas horas, o médium poderá tomar banho, e, nos próximos três dias consecutivos ter cuidado, não indo a velório, enterro, hospital, não beber bebida alcoólica, procurar não passar ao meio-dia ou meia-noite em ponto nos cruzeiros (salvo se seu trabalho for na rua), não fazer sexo, não brigar nem discutir com alguém e não incorporar sua entidade em hipótese alguma.

Axé de Alma

Material Necessário

Uma pemba vermelha
Um vidro de mel
Um vidro de óleo de dendê
Uma lata de banha de ori
Uma vela comum branca
Uma garrafa de cachaça
Um charuto comum

Uma caixa de fósforos

Sete rosas brancas

Modo de Fazer

Faça em uma segunda ou sexta-feira, em qualquer lua, menos sob a minguante. De manhã bem cedo, à tardinha ou à noite. Se preferir, vá a um cemitério e proceda da seguinte maneira:

Saúde os donos do cemitério e o Exu que for receber o Axé. Escolha um dos cantos do cruzeiro central dentro do cemitério e faça um círculo de tamanho médio com as sete rosas brancas no chão, deixando a vela acesa no centro do círculo. Seguindo em frente, abra a garrafa de cachaça e vire um pouco do líquido no chão fazendo outro círculo por dentro do círculo das rosas, dê a garrafa de cachaça para o médium que for receber o Axé tomar um gole e deposite-a no centro do círculo, em pé, ao lado da vela. Faça outro círculo com o óleo de dendê deixando uma pequena sobra no vidro para ser usado no médium. Por dentro dos três círculos (rosas, cachaça, óleo de dendê), faça outro com o mel, deixando uma pequena sobra no vidro para ser usado no médium.

Acenda o charuto e dê para o médium dar três baforadas para cima e coloque em cima da caixa de fósforos, que deve ficar semi-aberta com a cabeça dos palitos para fora, e depositado no centro dos círculos ao lado da cachaça e da vela. Faça chamando pelo Exu do médium e pedindo tudo de bom para o mesmo.

Seguindo em frente, coloque o médium, que deve estar sem calçados, em pé, ao lado do círculo, de frente para o cruzeiro central, com as palmas das mãos viradas para cima, para que sejam marcados os sete pontos citados abaixo.

Pegue a pemba e risque em forma de cruz três vezes no mesmo local, nos locais citados abaixo:

Nas Frontes, no Pescoço (frente), na Nuca, na Palma das Mãos, nas Costas das mãos, no Peito dos Pés, nas Solas dos Pés, e deixe-a no círculo.

Abra a lata da banha de ori, engraxe o dedo na banha e passe-o em forma de cruz três vezes em cada local, nos locais citados abaixo:

Nas Frontes, no Pescoço (frente), na Nuca, na Palma das Mãos, nas Costas das mãos, no Peito dos Pés, nas Solas dos Pés, e deixe-a banha no círculo.

Pegue o óleo de dendê, molhe o dedo e passe-o em forma de cruz três vezes em cada local, nos locais citados abaixo:

Nas Frontes, no Pescoço (frente), na Nuca, na Palma das Mãos, nas Costas das mãos, no Peito dos Pés, nas Solas dos Pés.

Por último, pegue mel, molhe o dedo e passe-o em forma de cruz três vezes em cada local, nos locais citados abaixo:

Nas Frontes, no Pescoço (frente), na Nuca, na Palma das Mãos, nas Costas das mãos, no Peito dos Pés, nas Solas dos Pés, e esta encerrada as marcações.

Feito isso, você e o médium devem cantar o ponto do Exu do médium. Talvez ele incorpore no médium (não obrigatoriamente), somente para cumprimentá-lo.

Os dois podem voltar para casa e levarem as sobras dos materiais.

Esse Axé é muito bom para firmar tanto o médium quanto a entidade, de muita vibração.

Após algumas horas, o médium poderá tomar banho, e, nos próximos três dias consecutivos ter cuidado, não indo a velório, enterro, hospital, não beber bebida alcoólica, procurar não passar ao meio-dia ou meia-noite em ponto nos cruzeiros (salvo se seu trabalho for na rua), não fazer sexo, não brigar nem discutir com alguém e não incorporar sua entidade em hipótese alguma.

Obs.: Sendo o cemitério um local de baixas energias, cuidado, você está lidando com os chacras do médium. Portanto, se tiver alguma dúvida ou se você preferir pode dar esse Axé no lado de fora do cemitério no cruzeiro mais próximo que tiver sem problema algum.

E sempre que você for dar esses Axés (cruzeiro, mato, praia, alma), leve alguém junto (um médium firme) para ajudá-lo.

Todas as pessoas que participarem do Axé de Alma realizado dentro do cemitério, após chegarem em casa, deverão se descarregar, com exceção do médium que deve se descarregar algumas horas depois com um banho de sal grosso, antes do banho higiênico. Caso o Axé tenha sido dado no lado de fora do cemitério, no cruzeiro não é necessário se descarregar.

Quanto à abertura dos chacras do médium, em hipótese alguma marque o centro da cabeça do médium (áurea) com qualquer um desses itens usados anteriormente. Este chacra pertence exclusivamente a Umbanda e não a sua linha de Esquerda.

Só deve ser marcado, juntamente com os outros locais dentro de um terreiro ou casa de Umbanda, antes dos rituais de batizado, lavagem de cabeça, cruzamento ou reforço com ervas feito no médium, e a pemba usada deve ser branca.

Axé de Fala (Língua)

Esse Axé, ao contrário dos outros, deve ser um dos primeiro e único a ser dado longe dos olhos do público. Muitos Exus novos (Exus verdadeiros), ao começarem incorporar em suas matérias, não falam e não cantam até se familiarizarem bem com o médium e o local onde estão se manifestando.

Muitos chefes de Terreiros consideram esse Axé como Prova se o Exu manifestado é verdadeiro ou não, devendo esse então ser um dos primeiros a ser feito em uma peça ou local separado de portas fechadas, e só participar do ritual um, ou dois médiuns incorporados com suas Entidades, e que já tenham passado por esse ritual de Axé de fala (Língua ou prova), ou seja, que já falem, ou simplesmente que a Entidade seja bem antiga na Religião.

Um para segurar a vela acesa e o outro para ajudar agarrando as vasilhas para o médium que for realizar o ritual, que poderá estar incorporado com sua Entidade ou não para realizá-lo.

Como esse Axé é considerado um segredo, você não pode realizá-lo para si próprio, portanto se você incorpora somente em casa e seu Exu já fala, canta, e já riscou o seu ponto, não é necessário realizá-lo. A não ser que você queira chamar alguém para realizá-lo.

E também a cada médium que adquirir esse livro e for usar como guia prático de liberação dos Axés de Exu, Pomba-Gira nesse Axé de Fala (Língua), o médium não só pode como deve mudar alguma coisa a seu critério ou a critério de sua Entidade, tirando, trocando ou acrescentando algo a mais, pois se é segredo não pode ser feito exatamente como está exposto no livro.

Alem do mais aqui é apenas um ritual básico e simbólico para você se basear na hora de dar esse Axé aos seus filhos ou até mesmo a alguém que possa procurá-lo para tal fim.

Deixo isso tudo bem explicado porque junto com o Axé de Faca (Obé), também é um dos Axés mais polêmicos e complicados de se fazer, porém tem que se fazer, pois é com ele que vamos manter o controle no começo da incorporação evitando assim que médiuns mal incorporados, espíritos sem luz ou até mesmo quiumbas possam se passar por Exu ou Pomba-Gira.

E muitas vezes, é com o medo de não passar na prova (Axé de Fala), e por não saber o que ali se passa na hora do Axé, e como é feito esse ritual que vai inibir esses espíritos ou médiuns mal intencionados de prosseguirem adiante, portanto se você for dar esse Axé a alguém e for usar esse livro como base, procure mudar algum item e guarde para si, assim estaremos mantendo o segredo desse Axé de Fala (Língua), que é de muito fundamento para a religião, pois se todas as casas tivessem essa lei do Exu só falar depois que receber autorização do chefe, não teria a quantidade que tem hoje de Exu falando bobagens e absurdos pelo mundo afora, deturpando cada vez mais o nome da nossa religião de Umbanda e sua Linha de Esquerda. E de quem é a culpa? Se não de nós mesmo.

Material necessário e substituível para o Axé

Um punhado de sal moído
Um punhado de açúcar
Uma pitada de pimenta moída ou ralada
Um ovo cru
Um vidro de óleo de dendê

Três mechas de algodão com mais ou menos 7cm de comprimento e 2cm de largura, com mais da metade do comprimento umedecida no óleo de dendê ou álcool (ACARÁ)

Uma garrafa de cachaça

Uma garrafa de champanhe

Um vidro pequeno de mel

Uma vela branca acesa

Um pano ou guardanapo

Um prato de louça para ser colocado dentro o ovo, sal, açúcar, pimenta, as buchas de algodão devidamente preparadas

Uma bandeja com pétalas de rosas vermelhas ou brancas

Modo de fazer:

Em um dia de festa ou gira comum, escolha e convide uma ou duas Entidades que irão ajudar no ritual. Leve-as até o local onde será realizado o ritual, dando a uma delas a vela acesa para segurar. A outra deverá segurar o prato. Se for só uma Entidade, essa deverá segurar os dois.

Volte ao local onde está sendo realizada a festa ou gira comum, pegue o médium que já deverá estar devidamente incorporado com seu Exu que irá receber o Axé e conduza ao local onde será feito o ritual. Isso tudo pode ser feito por você ou por sua Entidade do começo ao fim.

A festa ou gira comum deve continuar normal durante o tempo em que estiver sendo realizado o ritual de Axé.

1. Sente o Exu que irá receber o Axé de Fala em uma cadeira que já deverá estar no local.
2. Coloque o pano ou guardanapo em forma de babeiro no Exu.
3. Mande o Exu abrir a boca, pegue do prato com os dedos um punhado de sal e introduza na boca do Exu. Diga estas ou outras palavras parecidas enquanto o Exu engole o conteúdo.

Que o senhor (dizer o nome do Exu), conheça o sal para que possa livrar a sua matéria que ocupa de toda a salgadura que lhe possa ser enviada em todos os sentidos e durante todo o tempo de sua vida terrena.

4. Pegue um punhado de açúcar do prato com os dedos e introduza na boca do Exu. Diga estas ou outras palavras parecidas enquanto o Exu engole o conteúdo.

   Que o senhor (dizer o nome do Exu), conheça o açúcar para que possa adoçar os caminhos da sua matéria que ocupa em todos os sentidos e durante todo o tempo de sua vida terrena.

5. Pegue do prato com os dedos uma pitada de pimenta e introduza na boca do Exu. Diga estas ou outras palavras parecidas enquanto o Exu engole o conteúdo.

   Que o senhor (dizer o nome do Exu), conheça a pimenta que arde e queima como o fogo para que possa defender a sua matéria que ocupa de todas as coisas que ardem e queimam em todos os sentidos e durante todo o tempo de sua vida terrena.

6. Pegue o ovo, de uma batidinha na beira do prato para que possa trincá-lo, levante a cabeça do Exu para cima com a boca aberta e leve o ovo até a mesma, terminando assim de quebrá-lo com os dedos na boca do Exu que engolirá a clara e a gema do ovo. Diga estas ou outras palavras parecidas enquanto o Exu engole o conteúdo.

   Que o senhor (dizer o nome do Exu), conheça o ovo que gera a vida para que possa daqui para frente gerar muitas coisas boas em todos os sentidos para a sua matéria que ocupa e principalmente uma nova vida Terrena.

7. Pegue do prato pela parte seca (Ponta), uma mecha de algodão que já deverá estar umedecida. Explique ao Exu que você colocará a mecha com fogo na sua boca e que o mesmo deverá fechar a boca rapidamente apagando o fogo sem mastigar ou engolir a mecha devolvendo-a novamente a mecha a você. Leve a mecha até a vela acesa para pegar fogo na parte umedecida, espere firmar bem o fogo e introduza na boca do Exu, que fechará a boca rapidamente apagando o fogo sem

mastigar ou engolir a mecha devolvendo a mesma ao médium ou Entidade que estiver realizando o ritual. Repita a mesma coisa com as outras duas mechas, deixando-as depois de usadas novamente no prato. Durante o ritual diga estas ou outras palavras parecidas.

Que o senhor (dizer o nome do Exu), conheça o fogo que queima para defender a sua matéria que ocupa todo o fogo e que possa lhe ser enviado em todos os sentidos e durante todo o tempo de sua vida terrena.

8. Dê ao Exu um gole de óleo de dendê e um gole de cachaça. Diga estas ou outras palavras parecidas enquanto o Exu engole o conteúdo.

Que o senhor (dizer o nome do Exu), possa com esse óleo de dendê e essa cachaça, condensar e repulsar todas as energias negativas atraídas pela sua matéria que ocupa em todos os sentidos e durante toda sua vida terrena.

9. Introduza um pouco de mel na boca do Exu, espere ele engolir e dê um gole de champanhe. Diga estas ou outras palavras parecidas enquanto o Exu engole.

Que o senhor (dizer o nome do Exu), possa com esse mel e esse champanhe condensar e atrair muitas energias positivas para sua matéria que ocupa em todos os sentidos e durante toda sua vida terrena.

10. Pegue a vela acesa da mão da Entidade que está segurando e coloque na testa do Exu. Diga estas ou outras palavras parecidas.

A partir de agora, o senhor (dizer o nome do Exu), está liberado para falar aqui ou em qualquer lugar que vier a incorporar a sua matéria, devendo falar somente o necessário, sem criticar ou ofender nenhuma pessoa ou Entidade, sem mentir ou criar intrigas entre as pessoas ou Entidades, respeitar e zelar sempre pelos preceitos da religião enquanto estiver incorporando essa matéria durante toda a sua vida terrena.

Assim está encerrado o ritual de Axé de Fala (Língua).

11. Mande alguém levar a vela acesa para o assentamento (Ponto de Força), e junto mande despachar os resíduos do prato no pátio ou na rua, o restante do material pode ser usado novamente (cachaça, champanhe, mel, dendê).

Pegue a bandeja com as Pétalas de Rosas já preparadas e distribua para algumas pessoas e Entidades presentes no local da festa ou gira comum para que joguem por cima do Exu que recebeu o Axé na hora indicada.

Junto às outras duas Entidades ou uma, se for o caso, que ajudaram no ritual, leve o Exu que recebeu o Axé de volta para o local da festa ou gira comum. Chegando ao local peça agô a todos e apresente o Exu dizendo o seu nome às pessoas e Entidades presentes. Diga algumas palavras referentes ao Axé recebido com sucesso pelo mesmo, agradeça à(s) entidade(s) que ajudaram no ritual.

Você ou sua entidade devem puxar (cantar) o ponto a seguir.

Essa Fala não foi Deus quem lhe deu; essa Fala não foi Deus quem lhe deu; ele ganhou dos Sete Exus; foi o(a) (dizer o nome da entidade que está dando o axé) quem lhe deu; ele ganhou dos Sete Exus; foi o(a) (dizer o nome da entidade que está dando o axé) quem lhe deu.

Enquanto estiver cantando o ponto, abrace o Exu cumprimentando-o. Se você fez todo o ritual sem estar incorporado, nessa hora do abraço a sua Entidade irá chegar (incorporar) em você e as duas dançarão. Todos devem jogar as Pétalas de Rosas por cima das Entidades, ou somente do Exu que recebeu o Axé, se for o caso, e baterem palmas. Após esse ponto cantado e dançado, o Exu que recebeu o Axé de Fala poderá falar alguma coisa, ou simplesmente puxar (cantar) seu ponto dançando novamente. Daí para frente, as outras Entidades poderão cumprimentar a mesma e a festa ou gira comum segue normal.

Obs.: Se você fez todo esse ritual sem estar incorporado, o processo é o mesmo do começo ao fim. Podendo também ser mudado alguma coisa a seu critério ou a critério de sua Entidade. Até mesmo porque esse é um ritual básico e simbólico. Quanto aos itens usados no ritual de Axé de Fala (Língua), não esqueça que você não só pode como deve trocar, acrescentar ou diminuir algum item referente ao Axé de Fala, pois assim você estará mantendo o segredo.

Axé de Chapéu

Material necessário:

Chapéu
Uma bandeja de inox ou plástico que caiba o chapéu
Pétalas de rosas vermelhas ou brancas (bastante)
Uma vela branca

Modo de fazer:

Em um dia de festa ou gira comum, mais ou menos no meio da gira, o médium ou Entidade que for dar o Axé de Chapéu, deve proceder da seguinte maneira. Enquanto a gira segue normal, prepare o material.

Coloque o Chapéu em cima da bandeja e algumas pétalas de rosas por cima, acenda a vela e prenda colando a parte de baixo no lado do chapéu, em cima da bandeja. Coloque o restante das pétalas de rosas em uma vasilha e vá até o local onde está sendo realizada a gira e distribua nas mãos de algumas pessoas e Entidades presentes para que na hora indicada joguem por cima da Entidade que está recebendo o Axé.

Volte e pegue a bandeja com o chapéu, peça agô (licença) a todos os presentes e mande o Exu que irá receber o Axé de chapéu se ajoelhar de frente para você ou sua Entidade, se for o caso. Diga algumas palavras referentes à Entidade e a seu merecimento de estar recebendo o Axé de suas mãos.

Peça uma salva de palmas enquanto você ou sua Entidade coloca o chapéu na cabeça do Exu, na sequência puxe (cante) o ponto a seguir enquanto você levanta o Exu, e abraça-o em forma de cumprimento. Ele deverá dançar esse ponto cantado enquanto as pessoas e as Entidades escolhidas jogam as pétalas de rosas por cima dele.

Esse chapéu não foi Deus quem lhe deu; esse chapéu não foi Deus quem lhe deu; ele ganhou dos Sete Exus; foi o (a) (dizer o nome da entidade que está dando o axé) quem lhe deu; ele ganhou dos Sete Exus; foi o (a) (dizer o nome da entidade que está dando o axé) quem lhe deu.

Após o término do ponto, o Exu que recebeu o Axé poderá dizer algumas palavras em agradecimento referente ao Axé recebido ou, se preferir, poderá simplesmente puxar (cantar) o seu ponto e dançar novamente. Feito isso, as Entidades presentes poderão cumprimentar o Exu e a gira continua normal. Estando assim encerrada a cerimônia de entrega do Axé de Chapéu.

Obs.: Essa entrega do Axé de Chapéu é uma entrega básica e simbólica, podendo ser acrescentado algo a mais á seu critério ou a critério de sua Entidade que só vira a abrilhantar ainda mais a entrega e a partir desse ritual de Axé de Chapéu o Exu está liberado para usar o Chapéu, em qualquer lugar que vier a incorporar a sua matéria.

Quanto à Vela após o ritual deve ir para o Assentamento (Ponto de Força).

Presente

Se você não possui um terreiro e não frequenta um, trabalhando apenas em sua casa sozinho ou acompanhado de algumas pessoas, médiuns ou não e por acaso o seu Exu vier a ganhar de alguma pessoa um chapéu de presente, por agradecimento de algum objetivo alcançado com a ajuda do mesmo, ou até mesmo por agrado de alguém. Ou caso você resolva dar um chapéu de presente a seu Exu com ritual de entrega, isso deverá ser da seguinte forma.

Material necessário:

Chapéu
Uma bandeja de inox ou plástico que caiba o Chapéu dentro
Pétalas de rosas vermelhas ou brancas (bastante)
Uma vela branca

Modo de fazer:

Antes de você incorporar seu Exu, deixe todo material arrumado.

Coloque o chapéu em cima da bandeja e algumas pétalas de rosas por cima, prenda a vela colando a parte debaixo no lado do chapéu em cima da bandeja. Coloque em uma vasilha o restante das pétalas de rosas e poderá ser dado a algumas pessoas presentes, se for o caso, para que jogue em cima do Exu na hora da entrega do presente.

Reserve tudo em algum lugar até o momento de ser entregue pela pessoa ao Exu.

Após tudo organizado, incorpore seu Exu para que seja feita a entrega do chapéu pela pessoa que está presenteando o Exu.

Depois de você já ter incorporado o seu Exu, a pessoa que está presenteando deverá pegar a bandeja com a vela, chapéu e as pétalas de rosas devidamente arrumadas e acender a vela e dirigir-se ao Exu ajoelhando-se e oferecendo a bandeja com o presente.

Após, o Exu deve pegar a bandeja com o presente e mostrar em direção as pessoas presentes se for o caso, que também poderão jogar pétalas de rosas por cima do Exu e baterem palmas, seguindo em frente o Exu deve colocar o chapéu na sua cabeça, levantar a pessoa que está ajoelhada e com certeza ele dirá algumas palavras em agradecimento à pessoa que está lhe presenteando, agradecendo também as pessoas presentes se for o caso pela colaboração de ajudarem nesse ritual.

Feito isso, o Exu deverá puxar (cantar), o ponto a seguir seguido do seu próprio ponto, dançando e finalizando assim a cerimônia de entrega do presente.

Se eu ganhei esse chapéu, é porque eu sou Exu; se eu ganhei esse chapéu, é porque eu sou Exu; eu recebo e agradeço; muito obrigado na Linha do Exu; eu recebo e agradeço; muito obrigado na Linha do Exu.

Obs.: Essa é uma entrega básica e simbólica podendo ser acrescentado algo a mais a seu critério ou a critério de sua Entidade, que só virá a abrilhantar ainda mais a entrega do presente.

Quanto à vela, após o ritual deve ir para o Assentamento (Ponto de Força), ou para uma encruzilhada, caso não tenha assentamento.

Axé de Coroa

Material necessário:

Coroa
Uma bandeja de inox ou plástico que caiba a Coroa dentro
Pétalas de rosas vermelhas ou brancas (bastante)
Uma vela branca

Modo de fazer:

Em um dia de festa ou gira comum, mais ou menos no meio da gira, o médium ou Entidade que for dar o Axé de Coroa, deve proceder da seguinte maneira.

Enquanto a gira segue normal, vá a outra peça da casa e prepare o material.

Coloque a coroa em cima da bandeja e algumas pétalas de rosas por cima. Acenda a vela e prenda colando a parte de baixo no lado da coroa em cima da bandeja.

Coloque o restante das pétalas em uma vasilha e vá ao local onde está sendo realizada a gira e distribua nas mãos de algumas pessoas e Entidades presentes, para que na hora indicada joguem por cima do Exu que está recebendo o Axé.

Volte e pegue a bandeja com a coroa, peça agô (licença) a todos os presentes e mande o Exu que ira receber o Axé de coroa se ajoelhar de frente para você ou sua Entidade, se for o caso. Diga algumas palavras referentes ao Exu e a seu merecimento de estar recebendo o Axé de suas mãos.

Peça uma salva de palmas enquanto você ou sua Entidade coloca a coroa na cabeça do mesmo. Na sequência puxe (cante) o ponto a seguir enquanto você levanta o Exu e abraça-o em forma de cumprimento.

Ele deverá dançar esse ponto cantado, enquanto as pessoas e as Entidades escolhidas jogam as pétalas por cima dele.

Essa Coroa não foi Deus quem lhe deu; essa Coroa não foi Deus quem lhe deu; ele ganhou dos Sete Exus; foi o (a) (dizer o nome da entidade que está dando o axé) quem lhe deu; ele ganhou dos Sete Exus; foi o (a) (dizer o nome da entidade que está dando o axé) quem lhe deu.

Após o término do ponto, o Exu que recebeu o Axé de coroa poderá dizer algumas palavras em agradecimento referente ao Axé recebido ou, se preferir, poderá simplesmente puxar (cantar) o seu ponto e dançar novamente. Feito isso, as Entidades presentes poderão cumprimentar a Entidade e a gira continua normal. Está encerrada a cerimônia de entrega do Axé de coroa.

Obs.: Essa entrega do Axé de Coroa é uma entrega básica e simbólica, podendo ser acrescentado algo a mais a seu critério ou a critério de sua Entidade. A partir desse ritual de Axé de coroa, o Exu está liberado para usá-la em qualquer lugar que vier a incorporar a sua matéria.

Quanto à vela, após o ritual, deverá ir para o Assentamento (Ponto de Força).

Presente

Se você não possui um terreiro e não frequenta um, trabalhando apenas em sua casa sozinho ou acompanhado de algumas pessoas, médiuns ou não e por acaso o seu Exu vier a ganhar de alguma pessoa uma coroa de presente, por agradecimento de algum objetivo alcançado com a ajuda do mesmo, ou até mesmo por agrado de alguém. Ou caso você resolva dar uma coroa de presente a seu Exu com ritual de entrega, isso deverá ser da seguinte forma.

Material necessário:

Coroa

Uma bandeja de inox ou plástico que caiba a Coroa dentro

Pétalas de rosas vermelhas ou brancas (bastante)

Uma vela branca

Modo de Fazer

Antes de você incorporar seu Exu, deixe todo material arrumado.

Coloque a coroa em cima da bandeja e algumas pétalas de rosas por cima, prenda a vela colando a parte debaixo no lado da coroa em cima da bandeja. Coloque em uma vasilha o restante das pétalas de rosas e poderá ser dado a algumas pessoas presentes, se for o caso, para que jogue em cima do Exu na hora da entrega do presente.

Reserve tudo em algum lugar até o momento de ser entregue pela pessoa ao Exu.

Após tudo organizado, incorpore seu Exu para que seja feita a entrega da coroa pela pessoa que está presenteando o Exu.

Depois de você já ter incorporado o seu Exu, a pessoa que está presenteando deverá pegar a bandeja com a vela, coroa e as pétalas de rosas devidamente arrumadas e acender a vela e dirigir-se ao Exu ajoelhando-se e oferecendo a bandeja com o presente.

Após, o Exu deve pegar a bandeja com o presente e mostrar em direção as pessoas presentes se for o caso, que também poderão jogar pétalas de rosas por cima do Exu e baterem palmas. Seguindo em frente, o Exu deve colocar a coroa na sua cabeça, levantar a pessoa que está ajoelhada e, com certeza, ele dirá algumas palavras em agradecimento a pessoa que está lhe presenteando, agradecendo também as pessoas presentes se for o caso pela colaboração de ajudarem nesse ritual.

Feito isso, o Exu deverá puxar (cantar), o ponto a seguir seguido do seu próprio ponto, dançando e finalizando assim a cerimônia de entrega do presente.

Se eu ganhei essa coroa, é porque eu sou Exu; se eu ganhei essa coroa, é porque eu sou Exu; eu recebo e agradeço; muito obrigado na Linha do Exu; eu recebo e agradeço; muito obrigado na Linha do Exu.

Obs.: Essa é uma entrega básica e simbólica podendo ser acrescentado algo a mais a seu critério ou a critério de sua Entidade, que só virá a abrilhantar ainda mais a entrega do presente.

Quanto à vela, após o ritual, deve ir para o Assentamento (Ponto de Força), ou para uma encruzilhada, caso não tenha assentamento.

Axé de Capa

Material necessário:

Capa

Uma bandeja de inox ou plástico grande que caiba a capa dentro (dobrada)

Pétalas de rosas vermelhas ou brancas (bastante)

Uma vela branca

Modo de fazer:

Em um dia de festa ou gira comum, mais ou menos no meio da gira, o médium ou Entidade que for dar o Axé de capa, deve proceder da seguinte maneira.

Enquanto a gira segue normal, prepare o material. Coloque a capa dobrada em cima da bandeja e algumas pétalas de rosas por cima e acenda a vela e prenda colando a parte de baixo no lado da capa em cima da bandeja, (cuidado para não queimar a capa).

Coloque o restante das pétalas em uma vasilha e vá até o local onde está sendo realizada a gira e distribua nas mãos de algumas pessoas e Entidades presentes para que na hora indicada joguem por cima do Exu que está recebendo o Axé de capa.

Volte e pegue a bandeja com a capa, peça agô (licença) a todos os presentes e mande o Exu que irá receber o Axé de Capa se ajoelhar de frente para você ou sua Entidade, se for o caso. Diga algumas palavras referentes ao Exu e a seu merecimento de estar recebendo o Axé de suas mãos.

Dê a bandeja para alguém segurar e peça uma salva de palmas enquanto você levanta o Exu e coloca a capa no mesmo. Você deverá abraçá-lo em forma de cumprimento, e se tiver uma ou mais entidades presentes usando capa, você deverá convidá-las para tirarem suas capas e colocarem também por cima do Exu, que já deverá estar com a sua capa. Na sequência, puxe (cante) o ponto a seguir e o Exu deverá dançar esse ponto cantado com todas as capas que estão por cima dele, se for o caso, ou somente com a sua enquanto as pessoas e as Entidades escolhidas jogam as Pétalas de Rosas por cima dele.

Essa Capa não foi Deus quem lhe deu; essa Capa não foi Deus quem lhe deu; ele ganhou dos Sete Exus; foi o (a) (dizer o nome da entidade que está dando o axé) quem lhe deu; ele ganhou dos Sete Exus; foi o (a) (dizer o nome da entidade que está dando o axé) quem lhe deu.

Após o término do ponto cantado e dançado pelo mesmo, as Entidades recolherão suas capas e o Exu que recebeu o Axé de capa já poderá ficar com a sua e deverá dizer algumas palavras em agradecimento referente ao Axé recebido. Se preferir, poderá simplesmente puxar (cantar) o seu ponto e dançar novamente. Feito isso, as Entidades presentes poderão cumprimentar o Exu e a gira continua normal. Estando assim encerrada a cerimônia de entrega do Axé de Capa.

Obs.: Essa entrega do Axé de capa é uma entrega básica e simbólica, podendo ser acrescentado algo a mais a seu critério ou a critério de sua Entidade. A partir desse ritual de Axé de capa, o Exu está liberado para usar a Capa em qualquer lugar que vier a incorporar a sua matéria.

Quanto à vela, após o ritual, deverá ir para o Assentamento (Ponto de Força).

Presente

Se você não possui um terreiro e não frequenta um, trabalhando apenas em sua casa sozinho ou acompanhado de algumas pessoas, médiuns ou não e por acaso o seu Exu vier a ganhar de alguma pessoa uma capa de presente, por agradecimento de algum objetivo alcançado com a ajuda do mesmo, ou até mesmo por agrado de alguém. Ou caso você resolva dar uma capa de presente a seu Exu com ritual de entrega, isso deverá ser da seguinte forma.

Material necessário:

Capa
Uma bandeja de inox ou plástico grande que caiba a capa dentro (dobrada)
Pétalas de rosas vermelhas ou brancas (bastante)
Uma vela branca

Modo de fazer:

Antes de você incorporar seu Exu, deixe todo material arrumado.

Coloque a capa dobrada em cima da bandeja e algumas pétalas de rosas por cima, prenda a vela colando a parte debaixo no lado da capa em cima da bandeja. Coloque em uma vasilha o restante das pétalas de rosas e poderá ser dado a algumas pessoas presentes, se for o caso, para que jogue em cima do Exu na hora da entrega do presente.

Reserve tudo em algum lugar até o momento de ser entregue pela pessoa ao Exu.

Após tudo organizado, incorpore seu Exu para que seja feita a entrega da capa pela pessoa que está presenteando o Exu.

Depois de você já ter incorporado o seu Exu, a pessoa que está presenteando deverá pegar a bandeja com a vela, capa e as pétalas de rosas devidamente arrumadas e com cuidado acender a vela e dirigir-se ao Exu ajoelhando-se e oferecendo a bandeja com o presente.

Após, o Exu deve pegar a bandeja com o presente e mostrar em direção as pessoas presentes se for o caso, que também poderão jogar pétalas de rosas por cima do Exu e baterem palmas. Seguindo em frente, o Exu deve, com a ajuda de alguém, colocar a capa, levantar a pessoa que está ajoelhada e, com certeza, ele dirá algumas palavras em agradecimento à pessoa que está lhe presenteando, agradecendo também as pessoas presentes, se for o caso pela colaboração de ajudarem nesse ritual.

Feito isso, o Exu deverá puxar (cantar), o ponto a seguir seguido do seu próprio ponto, dançando e finalizando assim a cerimônia de entrega do presente.

Se eu ganhei essa capa, é porque eu sou Exu; se eu ganhei essa capa, é porque eu sou Exu; eu recebo e agradeço; muito obrigado na Linha do Exu; eu recebo e agradeço; muito obrigado na Linha do Exu.

Obs.: Essa é uma entrega básica e simbólica podendo ser acrescentado algo a mais a seu critério ou a critério de sua Entidade, que só virá a abrilhantar ainda mais a entrega do presente.

Quanto à vela, após o ritual, deve ir para o Assentamento (Ponto de Força), ou para uma encruzilhada, caso não tenha assentamento.

Axé de Bengala

Material necessário:

Bengala
Uma bandeja de inox ou plástico grande
Pétalas de rosas vermelhas ou brancas (bastante)
Uma vela branca

Modo de fazer:

Em um dia de festa ou gira comum, mais ou menos no meio da gira, o médium ou Entidade que for dar o Axé de Bengala, deve proceder da seguinte maneira.

Enquanto a gira segue normal, prepare o material.

Coloque a bengala deitada em cima da bandeja e algumas pétalas de rosas por cima e acenda a vela e prenda colando a parte debaixo no lado da bengala, em cima da bandeja.

Coloque o restante das pétalas em uma vasilha e vá ao local onde está sendo realizada a gira e distribua nas mãos de algumas pessoas e Entidades presentes, para que na hora indicada joguem por cima do Exu que está recebendo o Axé de bengala.

Volte e pegue a bandeja com a bengala, peça agô (licença) a todos os presentes e mande o Exu que irá receber o Axé de bengala se ajoelhar de frente para você ou sua Entidade, se for o caso. Diga algumas palavras referentes ao Exu e a seu merecimento de estar recebendo o Axé de suas mãos.

Peça uma salva de palmas enquanto você ou sua Entidade entrega a bengala. Na sequência, puxe (cante) o ponto enquanto levanta o Exu e abraça-o em forma de cumprimento.

Ele deverá dançar esse ponto cantado já com a bengala, enquanto as pessoas e as Entidades escolhidas jogam as pétalas por cima dele.

Essa bengala não foi Deus quem lhe deu; essa Bengala não foi Deus quem lhe deu; ele ganhou dos Sete Exus; foi o (a) (dizer o nome da entidade que está dando o axé) quem lhe deu; ele ganhou dos Sete Exus; foi o (a) (dizer o nome da entidade que está dando o axé) quem lhe deu.

Após o término do ponto, o Exu que recebeu o Axé de bengala poderá dizer algumas palavras em agradecimento referente ao Axé recebido ou se preferir poderá simplesmente puxar (cantar) o seu ponto e dançar novamente. Feito isso, as Entidades presentes poderão cumprimentar o Exu e a gira continua normal, Estando assim encerrada a cerimônia de entrega do Axé de Bengala.

Obs.: Essa entrega do Axé de Bengala é uma entrega básica e simbólica, podendo ser acrescentado algo a mais a seu critério ou a critério de sua Entidade. A partir desse ritual de Axé de bengala, o Exu está liberado para usá-la em qualquer lugar que vier a incorporar a sua matéria.

Quanto à vela, após o ritual, deverá ir para o Assentamento (Ponto de Força).

Presente

Se você não possui um terreiro e não frequenta um, trabalhando apenas em sua casa sozinho ou acompanhado de algumas pessoas, médiuns ou não e por acaso o seu Exu vier a ganhar de alguma pessoa uma bengala de presente, por agradecimento de algum objetivo alcançado com a ajuda do mesmo, ou até mesmo por agrado de alguém. Ou caso você resolva dar uma bengala de presente a seu Exu com ritual de entrega, isso deverá ser da seguinte forma.

Material necessário:

Bengala
Uma bandeja de inox ou plástico grande
Pétalas de rosas vermelhas ou brancas (bastante)
Uma vela branca

Modo de Fazer

Antes de você incorporar seu Exu, deixe todo material arrumado.

Coloque a bengala em cima da bandeja e algumas pétalas de rosas por cima, prenda a vela colando a parte debaixo no lado da bengala em cima da bandeja. Coloque em uma vasilha o restante das pétalas de rosas e poderá ser dado a algumas pessoas presentes, se for o caso, para que jogue em cima do Exu na hora da entrega do presente.

Reserve tudo em algum lugar até o momento de ser entregue pela pessoa ao Exu.

Após tudo organizado, incorpore seu Exu para que seja feita a entrega da bengala pela pessoa que está presenteando o Exu.

Depois de você já ter incorporado o seu Exu, a pessoa que está presenteando deverá pegar a bandeja com a vela, bengala e as pétalas de rosas devidamente arrumadas e acender a vela e dirigir-se ao Exu ajoelhando-se e oferecendo a bandeja com o presente.

Após, o Exu deve pegar a bandeja com o presente e mostrar em direção as pessoas presentes se for o caso, que também poderão jogar pétalas de rosas por cima do Exu e baterem palmas. Seguindo em frente, o Exu já de posse da Bengala deve levantar a pessoa que está ajoelhada e com certeza ele dirá algumas palavras em agradecimento à pessoa que está lhe presenteando, agradecendo também as pessoas presentes, se for o caso pela colaboração de ajudarem nesse ritual.

Feito isso, o Exu deverá puxar (cantar), o ponto a seguir seguido do seu próprio ponto, dançando e finalizando assim a cerimônia de entrega do presente.

Se eu ganhei essa bengala, é porque eu sou Exu; se eu ganhei essa bengala, é porque eu sou Exu; eu recebo e agradeço; muito obrigado na Linha do Exu; eu recebo e agradeço; muito obrigado na Linha do Exu.

Obs.: Essa é uma entrega básica e simbólica podendo ser acrescentado algo a mais a seu critério ou a critério de sua Entidade, que só virá a abrilhantar ainda mais a entrega do presente.

Quanto à vela, após o ritual, deve ir para o Assentamento (Ponto de Força), ou para uma encruzilhada, caso não tenha assentamento.

Axé de Guia Imperial

Material necessário:

Guia imperial

Uma bandeja de inox ou plástico que caiba a Guia dentro

Pétalas de rosas vermelhas ou brancas (bastante)

Uma vela branca

Modo de fazer:

Em um dia de festa ou gira comum, mais ou menos no meio da gira, o médium ou Entidade que for dar o Axé de Guia Imperial, deve proceder da seguinte maneira.

Enquanto a gira segue normal, prepare o material.

Coloque a Guia deitada em cima da bandeja e algumas pétalas de rosas por cima e acenda a vela e prenda colando a parte debaixo no lado da Guia, em cima da bandeja.

Coloque o restante das pétalas em uma vasilha e vá ao local onde está sendo realizada a gira e distribua nas mãos de algumas pessoas e Entidades presentes, para que na hora indicada joguem por cima do Exu que está recebendo o Axé de Guia Imperial.

Volte e pegue a bandeja com a Guia, peça agô (licença) a todos os presentes e mande o Exu que irá receber o Axé de Guia Imperial se ajoelhar de frente para você ou sua Entidade, se for o caso. Diga algumas palavras referentes ao Exu e a seu merecimento de estar recebendo o Axé de suas mãos.

Peça uma salva de palmas enquanto você ou sua Entidade entrega a Guia colocando-a no pescoço do mesmo. Na sequência, puxe (cante) o ponto enquanto levanta o Exu e abraça-o em forma de cumprimento.

Ele deverá dançar esse ponto cantado já com a Guia, enquanto as pessoas e as Entidades escolhidas jogam as pétalas por cima dele.

Essa guia Imperial não foi Deus quem lhe deu; essa guia Imperial não foi Deus quem lhe deu; ele ganhou dos Sete Exus; foi o (a) (dizer o nome da entidade que está dando o axé) quem lhe deu; ele ganhou dos Sete Exus; foi o (a) (dizer o nome da entidade que está dando o axé) quem lhe deu.

Após o término do ponto o Exu que recebeu, o Axé de Guia Imperial poderá dizer algumas palavras em agradecimento referente ao Axé recebido. Se preferir, poderá simplesmente puxar (cantar) o seu ponto e dançar novamente. Feito isso, as Entidades presentes poderão cumprimentar o Exu e a gira continua normal. Estando assim encerrada a cerimônia de entrega do Axé de Guia Imperial.

Obs.: Essa entrega do Axé de Guia Imperial é uma entrega básica e simbólica, podendo ser acrescentado algo a mais a seu critério ou a critério de sua Entidade. A partir desse ritual de Axé de Guia Imperial, o Exu está liberado para usar a Guia Imperial em qualquer lugar que vier a incorporar a sua matéria.

Quanto à Vela, após o ritual, deverá ir para o Assentamento (Ponto de Força).

Presente

Se você não possui um terreiro e não frequenta um, trabalhando apenas em sua casa sozinho ou acompanhado de algumas pessoas, médiuns ou não e por acaso o seu Exu vier a ganhar de alguma pessoa uma Guia Imperial de presente, por agradecimento de algum objetivo alcançado com a ajuda do mesmo, ou até mesmo por agrado de alguém. Ou caso você resolva dar uma Guia de presente a seu Exu com ritual de entrega, isso deverá ser da seguinte forma.

Material necessário:

Guia Imperial
Uma bandeja de inox ou plástico que caiba a Guia dentro
Pétalas de rosas vermelhas ou brancas (bastante)
Uma vela branca

Modo de fazer:

Antes de você incorporar seu Exu, deixe todo material arrumado.

Coloque a Guia em cima da bandeja e algumas pétalas de rosas por cima, prenda a vela colando a parte debaixo no lado da Guia em cima da bandeja. Coloque em uma vasilha o restante das pétalas de rosas e poderá ser dado a algumas pessoas presentes, se for o caso, para que jogue em cima do Exu na hora da entrega do presente.

Reserve tudo em algum lugar até o momento de ser entregue pela pessoa ao Exu.

Após tudo organizado, incorpore seu Exu para que seja feita a entrega da Guia pela pessoa que está presenteando o Exu.

Depois de você já ter incorporado o seu Exu, a pessoa que está presenteando deverá pegar a bandeja com a vela, Guia e as pétalas de rosas devidamente arrumadas e acender a vela e dirigir-se ao Exu ajoelhando-se e oferecendo a bandeja com o presente.

Após, o Exu deve pegar a bandeja com o presente e mostrar em direção as pessoas presentes se for o caso, que também poderão jogar pétalas de rosas por cima do Exu e baterem palmas. Seguindo em frente, o Exu deve colocar a Guia Imperial no pescoço, levantar a pessoa que está ajoelhada e com certeza ele dirá algumas palavras em agradecimento à pessoa que está lhe presenteando, agradecendo também às pessoas presentes, se for o caso pela colaboração de ajudarem nesse ritual.

Feito isso, o Exu deverá puxar (cantar), o ponto a seguir seguido do seu próprio ponto, dançando e finalizando assim a cerimônia de entrega do presente.

Se eu ganhei essa Guia Imperial, é porque eu sou Exu; se eu ganhei essa Guia Imperial, é porque eu sou Exu; eu recebo e agradeço; muito obrigado na Linha do Exu; eu recebo e agradeço; muito obrigado na Linha do Exu.

Obs.: Essa é uma entrega básica e simbólica podendo ser acrescentado algo a mais a seu critério ou a critério de sua Entidade, que só virá a abrilhantar ainda mais a entrega do presente.

Quanto à vela, após o ritual, deve ir para o Assentamento (Ponto de Força), ou para uma encruzilhada, caso não tenha assentamento.

Axé de Calçado

Material necessário:

Um par de calçado

Uma bandeja de inox ou plástico que caiba o par de calçado

Pétalas de rosas vermelhas ou brancas (bastante)

Uma vela branca

Modo de fazer:

Em um dia de festa ou gira comum, mais ou menos no meio da gira, o médium ou Entidade que for dar o Axé de calçado deve proceder da seguinte maneira.

Enquanto a gira segue normal, prepare o material.

Coloque o par de calçado em cima da bandeja e algumas pétalas de rosas por cima e acenda a vela e prenda colando a parte debaixo no lado do calçado, em cima da bandeja.

Coloque o restante das pétalas em uma vasilha e vá ao local onde está sendo realizada a gira e distribua nas mãos de algumas pessoas e Entidades presentes, para que na hora indicada joguem por cima do Exu que está recebendo o Axé de calçado.

Volte e pegue a bandeja com o par de calçado, peça agô (licença) a todos os presentes e mande o Exu que irá receber o Axé de calçado se ajoelhar de frente para você ou sua Entidade, se for o caso. Diga algumas palavras referentes ao Exu e a seu merecimento de estar recebendo o Axé de suas mãos.

Peça uma salva de palmas enquanto você ou sua Entidade com a ajuda de alguém coloca o calçado no Exu. (podendo se preferir usar uma cadeira para sentar a entidade). Na sequência, puxe (cante) o ponto e abrace o Exu em forma de cumprimento.

Ele deverá dançar esse ponto cantado já com o calçado, enquanto as pessoas e as Entidades escolhidas jogam as pétalas por cima dele.

Esse Calçado não foi Deus quem lhe deu; esse Calçado não foi Deus quem lhe deu; ele ganhou dos Sete Exus; foi o (a) (dizer o nome da entidade que está dando o axé) quem lhe deu; ele ganhou dos Sete Exus; foi o (a) (dizer o nome da entidade que está dando o axé) quem lhe deu.

Após o término do ponto o Exu que recebeu, o Axé de calçado poderá dizer algumas palavras em agradecimento referente ao Axé recebido. Se preferir, poderá simplesmente puxar (cantar) o seu ponto e dançar novamente. Feito isso, as Entidades presentes poderão cumprimentar o Exu e a gira continua normal. Estando assim encerrada a cerimônia de entrega do Axé de calçado.

Obs.: Essa entrega do Axé de Calçado é uma entrega básica e simbólica, podendo ser acrescentado algo a mais a seu critério ou a critério de sua Entidade, que só virá a abrilhantar ainda mais a entrega. A partir desse ritual de Axé de Calçado o Exu esta liberado para usar o Calçado em qualquer lugar que vier a incorporar a sua matéria, desde que nesse lugar seja liberado as Entidades que possuem Axé de Calçado usá-los.

Quanto à vela, após o ritual, deve ir para o Assentamento (Ponto de Força).

Presente

Se você não possui um terreiro e não frequenta um, trabalhando apenas em sua casa sozinho ou acompanhado de algumas pessoas, médiuns ou não e por acaso o seu Exu vier a ganhar de alguma pessoa um par de calçado de presente, por agradecimento de algum objetivo alcançado com a ajuda do mesmo, ou até mesmo por agrado de alguém. Ou caso você resolva dar um par de calçado de presente a seu Exu com ritual de entrega, isso deverá ser da seguinte forma.

Material necessário:

Um par de calçado
Uma bandeja de inox ou plástico que caiba o Calçado
Pétalas de rosas vermelhas ou brancas (bastante)
Uma vela branca

Mode de fazer:

Antes de você incorporar seu Exu, deixe todo material arrumado.

Coloque o par de calçado em cima da bandeja e algumas pétalas de rosas por cima, prenda a vela colando a parte debaixo no lado do par de calçado em cima da bandeja. Coloque em uma vasilha o restante das pétalas de rosas e poderá ser dado a algumas pessoas presentes, se for o caso, para que jogue em cima do Exu na hora da entrega do presente.

Reserve tudo em algum lugar até o momento de ser entregue pela pessoa ao Exu.

Após tudo organizado, incorpore seu Exu para que seja feita a entrega do par de calçado pela pessoa que está presenteando o Exu.

Depois de você já ter incorporado o seu Exu, a pessoa que está presenteando deverá pegar a bandeja com a vela, par de calçado e as pétalas de rosas devidamente arrumadas e acender a vela e dirigir-se ao Exu ajoelhando-se e oferecendo a bandeja com o presente.

Após, o Exu deve pegar a bandeja com o presente e mostrar em direção as pessoas presentes se for o caso, que também poderão jogar pétalas de rosas por cima do Exu e baterem palmas. Seguindo em frente, com a ajuda de alguém o Exu deve sentar numa cadeira e colocar o Calçado nos pés, levantar a pessoa que esta ajoelhada e com certeza ele dirá algumas palavras em agradecimento a pessoa que está lhe presenteando, agradecendo também as pessoas presentes se for o caso pela colaboração de ajudarem nesse ritual.

Feito isso, o Exu deverá puxar (cantar), o ponto a seguir seguido do seu próprio ponto, dançando e finalizando assim a cerimônia de entrega do presente.

Se eu ganhei esse calçado, é porque eu sou Exu; se eu ganhei esse calçado, é porque eu sou Exu; eu recebo e agradeço; muito obrigado na Linha do Exu; eu recebo e agradeço; muito obrigado na Linha do Exu.

Obs.: Essa é uma entrega básica e simbólica podendo ser acrescentado algo a mais a seu critério ou a critério de sua Entidade, que só virá a abrilhantar ainda mais a entrega do presente.

Quanto à vela, após o ritual, deve ir para o Assentamento (Ponto de Força), ou para uma encruzilhada, caso não tenha assentamento.

Axé de Cadeira

Material Necessário

Uma Cadeira
Pétalas de rosas vermelhas ou brancas (bastante)

Modo de Fazer:

Esse é um dos Axés mais simples e fácil de ser dado a uma Entidade. Em um dia de festa ou gira comum em um determinado momento mais ou menos no meio da gira, o médium ou Entidade que for dar o Axé de Cadeira, deve proceder da seguinte maneira.

Enquanto a gira segue normal, vá a outra peça da casa e prepare uma vasilha com as Pétalas de Rosas dentro e leve até o local onde está sendo realizada a Gira ou Festa e distribua nas mãos de algumas pessoas e Entidades presentes para que na hora indicada joguem por cima do Exu que esta recebendo o Axé de Cadeira.

Volte e pegue a Cadeira, que já deve estar separada peça agô (licença) a todos os presentes e coloque a Cadeira em um dos lados do recinto próximo à parede de frente para as pessoas e Entidades presentes, mande o Exu que ira receber o Axé de Cadeira se ajoelhar de frente para você ou sua Entidade se for o caso. Diga algumas palavras bonitas referente ao Exu e a seu merecimento de estar recebendo o Axé de suas mãos. Peça uma salva de palma para o mesmo, na sequência puxe (cante) o ponto a seguir enquanto você levanta o Exu e abraça-o em forma de cumprimento, após ele deve sentar na Cadeira e ali permanecer enquanto as pessoas e as Entidades escolhidas jogam as Pétalas de Rosas por cima dele e esperar o término do ponto cantado.

Essa Cadeira não foi Deus quem lhe deu; essa Cadeira não foi Deus quem lhe deu; ele ganhou dos Sete Exus. Foi o (a) (dizer o nome da entidade que está dando o axé) quem lhe deu; ele ganhou dos Sete Exus; foi o (a) (dizer o nome da entidade que está dando o axé) quem lhe deu.

Após o término do ponto o Exu que recebeu o Axé de Cadeira deve levantar e dizer algumas palavras em agradecimento referente ao Axé recebido ou, se preferir, pode simplesmente puxar (cantar) o seu ponto e sentar novamente. Feito isso, as Entidades presentes poderão agora cumprimentar o Exu que deve estar sentado na Cadeira para receber os cumprimentos, e a gira continua normal. Estando assim encerrada a cerimônia de entrega do Axé de Cadeira.

Obs.: Essa entrega do Axé de Cadeira é uma entrega básica e simbólica, podendo ser acrescentado algo a mais a seu critério ou a critério de sua Entidade que só virá a abrilhantar ainda mais a entrega. A partir desse ritual de Axé de Cadeira o Exu está liberado para sentar-se em qualquer lugar que vier a incorporar a sua matéria.

Não esqueça a Cadeira usada no ritual deve ser uma cadeira bem bonita (podendo ser de uso de casa), e se preferir pode ser enfeitada nas cores do Exu.

Presente

Se você não possui um terreiro e não frequenta um, trabalhando apenas em sua casa sozinho ou acompanhado de algumas pessoas, médiuns ou não, e por acaso o seu Exu vier a ganhar de alguma pessoa uma Cadeira de presente, por agradecimento de algum objetivo alcançado com a ajuda do mesmo, ou até mesmo por agrado de alguém, ou caso você resolva dar uma Cadeira de presente a seu Exu e você gostaria de fazer um ritual de entrega para que ele receba a mesma. O seu Exu deve recebê-la da seguinte forma.

Material Necessário

Cadeira

Pétalas de rosas vermelhas ou brancas (bastante)

Modo de Fazer:

Antes de você incorporar seu Exu, deixe tudo arrumado: a cadeira, as Pétalas de Rosas, colocando-as em uma vasilha que pode ser distribuídas a algumas pessoas presentes, se for o caso, para que joguem em cima do Exu na hora da entrega do presente. Reserve tudo em algum lugar até o momento de ser entregue pela pessoa ao Exu.

Após tudo organizado, você deve incorporar seu Exu para que seja feita a entrega da Cadeira pela pessoa que está presenteando o Exu.

Isso tudo deve ser feito da seguinte forma: depois de você já ter incorporado o seu Exu, a pessoa que está presenteando deve pegar a Cadeira e dirigir-se até ao Exu ajoelhando-se na frente da mesma e oferecendo lhe a Cadeira de presente.

Após, o Exu deve pegar o presente e mostrar em direção as pessoas presentes se for o caso, que também poderão jogar pétalas de rosas por cima do Exu e baterem palmas. Seguindo em frente, o Exu deve levantar a pessoa que está ajoelhada e, com certeza, ele dirá algumas palavras em agradecimento à pessoa que está lhe presenteando, agradecendo também às pessoas presentes, se for o caso, pela colaboração de ajudarem nesse ritual. Feito isso, o Exu deve sentar-se na Cadeira, puxar (cantar), o ponto a seguir seguido do seu próprio ponto, finalizando assim a cerimônia de entrega do presente.

Se eu ganhei essa Cadeira
É porque eu sou Exu
Se eu ganhei essa Cadeira
É porque eu sou Exu
Eu recebo e agradeço!
Muito obrigado na Linha do Exu.
Eu recebo e agradeço.
Muito obrigado na Linha do Exu!

Obs.: Essa entrega da Cadeira como presente é uma entrega básica e simbólica, podendo ser acrescentado algo a mais a seu critério, ou a critério de sua Entidade, que só virá a abrilhantar ainda mais a entrega do presente.

Axé de Faca

Material necessário:

Faca (a mesma que já foi consagrada à Entidade que irá receber o Axé)
Uma bandeja de inox ou plástico que caiba a faca
Pétalas de rosas vermelhas ou brancas (bastante)
Uma vela branca

Modo de fazer:

Em um dia de festa ou gira comum, mais ou menos no meio da gira, o médium ou Entidade que for dar o Axé de faca, deve proceder da seguinte maneira.

Enquanto a gira segue normal, prepare o material.

Coloque a faca deitada em cima da bandeja e algumas pétalas de rosas por cima e acenda a vela e prenda colando a parte debaixo no lado da faca, em cima da bandeja.

Coloque o restante das pétalas em uma vasilha e vá ao local onde está sendo realizada a gira e distribua nas mãos de algumas pessoas e Entidades presentes, para que na hora indicada joguem por cima do Exu que está recebendo o Axé da faca.

Volte e pegue a bandeja com a faca, peça agô (licença) a todos os presentes e mande o Exu que irá receber o Axé da faca se ajoelhar de frente para você ou sua Entidade, se for o caso. Diga algumas palavras referentes ao Exu e a seu merecimento de estar recebendo o Axé de faca de suas mãos e a importância desse axé.

Peça uma salva de palmas enquanto você ou sua Entidade entrega nas mãos do mesmo a bandeja com a Faca. Na sequência, puxe (cante) o ponto a seguir enquanto levanta o Exu e abraça-o em forma de cumprimento.

Ele deverá dançar esse ponto cantado com bandeja e a faca dentro nas mãos, enquanto as pessoas e as Entidades escolhidas jogam as pétalas por cima dele.

Essa faca não foi Deus quem lhe deu; essa faca não foi Deus quem lhe deu; ele ganhou dos Sete Exus; foi o (a) (dizer o nome da entidade que está dando o axé) quem lhe deu; ele ganhou dos Sete Exus; foi o (a) (dizer o nome da entidade que está dando o axé) quem lhe deu.

Após o término do ponto o Exu que recebeu, o Axé da faca poderá dizer algumas palavras em agradecimento referente ao Axé recebido. Se preferir, poderá simplesmente puxar (cantar) o seu ponto e dançar novamente. Feito isso, as Entidades presentes poderão cumprimentar o Exu e a gira continua normal. Estando assim encerrada a cerimônia de entrega do Axé de Faca.

Obs.: Essa entrega do Axé de Faca é uma entrega básica e simbólica, podendo ser acrescentado algo a mais a seu critério ou a critério de sua Entidade que só virá a abrilhantar ainda mais a entrega. A partir desse ritual de Axé de Faca o Exu está liberado para usar a Faca, em qualquer lugar que vier a incorporar a sua matéria. Tanto ele como o médium, pois o Axé de Faca (liberação) é para os dois.

Quanto à vela, após o ritual, deve ir para o Assentamento (Ponto de Força), juntamente com a Faca. A Faca usada nessa entrega de Axé de Faca deve ser a mesma que foi consagrada ao Exu, que está no seu assentamento (Ponto de Força).

Presente

Se você não possui um terreiro e não frequenta um, trabalhando apenas em sua casa sozinho ou acompanhado de algumas pessoas, médiuns ou não e por acaso o seu Exu vier a ganhar de alguma pessoa uma faca de presente, por agradecimento de algum objetivo alcançado com a ajuda do mesmo, ou até mesmo por agrado de alguém. Ou caso você resolva dar uma faca de presente a seu Exu com ritual de entrega, isso deverá ser da seguinte forma.

Material necessário:

Faca
Uma bandeja de inox ou plástico que caiba a faca
Pétalas de rosas vermelhas ou brancas (bastante)
Uma vela branca

Modo de fazer:

Antes de você incorporar seu Exu, deixe todo material arrumado.

Coloque a faca em cima da bandeja e algumas pétalas de rosas por cima, prenda a vela colando a parte debaixo no lado da faca em cima da bandeja. Coloque em uma vasilha o restante das pétalas de rosas e poderá ser dado a algumas pessoas presentes, se for o caso, para que jogue em cima do Exu na hora da entrega do presente.

Reserve tudo em algum lugar até o momento de ser entregue pela pessoa ao Exu.

Após tudo organizado, incorpore seu Exu para que seja feita a entrega da faca pela pessoa que está presenteando o Exu.

Depois de você já ter incorporado o seu Exu, a pessoa que está presenteando deverá pegar a bandeja com a vela, faca e as pétalas de rosas devidamente arrumadas e acender a vela e dirigir-se ao Exu ajoelhando-se e oferecendo a bandeja com o presente.

Após, o Exu deve pegar a bandeja com o presente e mostrar às pessoas presentes, se for o caso, que também poderão jogar pétalas de rosas por cima do Exu e baterem palmas. Seguindo em frente, o Exu deve levantar a pessoa que está ajoelhada e, com certeza, ele dirá algumas palavras em agradecimento à pessoa que está lhe presenteando, agradecendo também às pessoas presentes, se for o caso, pela colaboração de ajudarem nesse ritual.

Feito isso o Exu deve puxar (cantar), o ponto a seguir seguido do seu próprio ponto, dançando e finalizando assim a cerimônia de entrega do presente.

Se eu ganhei essa faca, é porque eu sou Exu; se eu ganhei essa faca, é porque eu sou Exu; eu recebo e agradeço; muito obrigado na Linha do Exu; eu recebo e agradeço; muito obrigado na Linha do Exu.

Obs.: Essa entrega da Faca como presente é uma entrega básica e simbólica podendo ser acrescentado algo a mais a seu critério ou a critério de sua Entidade, que só virá a abrilhantar ainda mais a entrega do presente.

Quanto à vela, após o ritual, deve ir para o Assentamento (Ponto de Força), juntamente com a Faca que depois deve ser lavada (cruzada) e consagrada ao Exu.

Recomendação Importante

Quando o presente dado for seu mesmo, você deve dar para alguém entregá-lo a seu Exu em seu nome. Todo e qualquer tipo de presente que for dado a seu Exu, enrolado em qualquer tipo de papel; ele deve recebê-lo e abrir o papel para mostrar às pessoas presentes cantando o Ponto a seguir para todos e qualquer tipo de presente recebidos diferente dos citados acima, sendo eles, entregue na sua casa, ou em qualquer lugar que seu Exu vier a recebê-los.

Se eu ganhei esse presente é porque eu sou Exu; se eu ganhei esse presente é porque eu sou Exu. Eu recebo e agradeço. Muito obrigado na Linha do Exu. Eu recebo e agradeço. Muito obrigado na Linha do Exu

Pomba-Gira – Liberação dos Axés

Axé de abertura dos Chacras

Eu considero este Axé muito importante para a boa formação, canalização e segurança, tanto do médium quanto da Entidade quando estão começando o seu desenvolvimento espiritual.

Para simplificar melhor e para o seu melhor entendimento, vou individualizá-los chamando daqui para frente de Axé de cruzeiro, Axé de mato, Axé de praia, Axé de alma, que são alguns nomes de pontos de força de algumas Entidades de Umbanda já conhecido por nós.

Na hora de dar este Axé, além de você estar firmando a Entidade no seu ponto de origem, estará apresentando o médium ao mesmo. Isso para que a partir desse momento, toda vez que o médium precisar ir ao ponto de origem da sua Entidade, ou a um desses pontos (cruzeiro, mato, praia, cemitério) para fazer um trabalho ou uma oferenda, ele seja reconhecido por todas as Entidades que ali se encontram presentes. E que elas possam livrá-los de quaisquer investidas maldosas durante o seu trabalho, rituais ou oferenda, lançadas por alguns espíritos sem luz (eguns).

Este Axé é uma espécie de apresentação e autorização dado ao médium e sua Entidade para realizarem juntos as suas magias, rituais, trabalhos e oferendas (para o bem) no seu ponto e em todos os pontos de forças da natureza.

Esse Axé é muito forte e delicado perante a espiritualidade, portanto você só pode receber depois que souber o nome e a origem da sua Entidade, se ela é Pomba-Gira de cruzeiro, Pomba-Gira de mato, Pomba-Gira de praia, Pomba-Gira de alma, e recebê-los das mãos de pessoas que tenham realmente condições e sejam devidamente qualificadas para tal fim, (babalorixás, caciques ou chefes de terreiros).

Axé de Cruzeiro

Material necessário:

Uma pemba vermelha
Um vidro de mel
Um vidro de óleo de dendê
Uma lata de banha de ori
Uma vela branca
Uma garrafa de champanhe
Uma cigarrilha
Uma caixa de fósforos
Sete rosas brancas

Modo de fazer:

Em uma segunda ou sexta-feira, qualquer lua, menos a minguante, depois do médium que for receber o Axé ter tomado seu banho de descarga e de posse do material, de manhã, bem cedo, à tardinha, ou à noite, se preferir. Vá a um cruzeiro aberto, de preferência de terra, afastado da cidade ou que não tenha casas perto. Chegando, proceda da seguinte maneira:

Saúde os donos da encruzilhada e também a Pomba-Gira que for receber o Axé, escolha um dos cantos do cruzeiro que seja limpo, acenda a vela e faça um círculo de tamanho médio no chão, com as sete rosas brancas. Deixe a vela acesa no centro do círculo e abra a garrafa de champanhe e vire um pouco no chão, fazendo outro círculo por dentro do círculo das rosas, dê a garrafa de champanhe para o médium que for receber o Axé tomar um gole e deposite a mesma no centro do círculo, em pé, ao lado da vela. Por dentro dos dois círculos (rosas, champanhe), faça outro círculo com o óleo de dendê, deixando uma pequena sobra no vidro para ser usado no médium. E por dentro dos três círculos (rosas, champanhe, óleo de dendê), faça outro círculo com o mel, deixando uma pequena sobra no vidro para ser usado no médium.

Acenda a cigarrilha e dê para o médium dar três baforadas para cima e coloque em cima da caixa de fósforos, que deve ficar semi-aberta com a cabeça dos palitos para fora, e depositado no centro dos círculos, ao lado do champanhe e da vela.

Faça tudo chamando pela Pomba-Gira do médium e pedindo tudo de bom para o mesmo.

Seguindo em frente, coloque o médium, que deve estar sem calçados, em pé, ao lado do círculo, de frente para o centro do cruzeiro com as palmas das mãos viradas para cima, isso para que sejam marcados os sete pontos citados abaixo.

Pegue a pemba e risque em forma de cruz três vezes no mesmo local, nos locais citados abaixo:

Nas frontes, no pescoço (frente), na nuca, na palma das mãos, nas costas das mãos, no peito dos pés, nas solas dos pés, e deixe a pemba dentro do círculo.

Abra a lata da banha de ori, engraxe o dedo na banha e passe-o em forma de cruz três vezes em cada local, nos locais citados abaixo:

Nas Frontes, no Pescoço (frente), na Nuca, na Palma das Mãos, nas Costas das mãos, no Peito dos Pés, nas Solas dos Pés, e deixe a banha de ori dentro do círculo.

Pegue o óleo de dendê, molhe o dedo e passe-o em forma de cruz três vezes em cada local, nos locais citados abaixo:

Nas Frontes, no Pescoço (frente), na Nuca, na Palma das Mãos, nas Costas das mãos, no Peito dos Pés, nas Solas dos Pés.

Por último, pegue o mel e molhe o dedo e passe-o em forma de cruz três vezes em cada local, nos locais citados abaixo:

Nas Frontes, no Pescoço (frente), na Nuca, na Palma das Mãos, nas Costas das mãos, no Peito dos Pés, nas Solas dos Pés. Estão encerradas as marcações.

Feito tudo, você e o médium devem cantar o ponto da Pomba-Gira do médium. Talvez ela incorpore no médium (não obrigatoriamente), somente para cumprimentá-lo e devera subir rapidamente.

Tudo encerrado, os dois podem voltar para casa e levarem as sobras dos materiais, como mel e óleo de dendê e sacolas se for o caso para dar melhor fim.

Esse Axé é muito bom para firmar, tanto o médium quanto a entidade, de muita vibração. Os dois devem ter uma boa concentração na hora do ritual e cuidado na hora de realizá-lo para que corra tudo bem.

Após algumas horas, o médium já pode tomar banho e evitar nos próximos três dias não ir a velório, enterro, hospital, não beber bebida alcoólica, não passar ao meio-dia ou a meia-noite em ponto nos cruzeiros, não fazer sexo, não brigar nem discutir com alguém e não incorporar a sua entidade em hipótese alguma durante esses três dias.

Axé de Mato

Material necessário:

Uma pemba vermelha

Um vidro de mel

Um vidro de óleo de dendê

Uma lata de banha de ori

Uma vela branca

Uma garrafa de champanhe

Uma cigarrilha

Uma caixa de fósforos

Sete rosas brancas

Modo de fazer:

Em uma segunda ou sexta-feira, qualquer lua, menos a minguante, depois do médium que for receber o Axé ter tomado seu banho de descarga e de posse do material, de manhã, bem cedo, à tardinha, ou à noite, se preferir. Vá a um mato bem bonito de preferência que tenha bastante arvores verde. Chegando, proceda da seguinte maneira:

Saúde os donos do mato e também a Pomba-Gira que for receber o Axé, escolha um local que seja limpo e que fique de frente para a estrada, picada ou corredor que o levou até esse local, acenda a vela e faça um círculo de tamanho médio no chão, com as sete rosas brancas. Deixe a vela acesa no centro do círculo e abra a garrafa de champanhe e vire um pouco no chão, fazendo outro círculo por dentro do círculo das rosas, dê a garrafa de champanhe para o médium que for receber o Axé tomar um gole e deposite a mesma no centro do círculo, em pé, ao lado da vela. Por dentro dos dois círculos (rosas, champanhe), faça outro círculo com o óleo de dendê, deixando uma pequena sobra no vidro para ser usado no médium. E por dentro dos três círculos (rosas, champanhe, óleo de dendê), faça outro círculo com o mel, deixando uma pequena sobra no vidro para ser usado no médium.

Acenda a cigarrilha e dê para o médium dar três baforadas para cima e coloque em cima da caixa de fósforos, que deve ficar semi-aberta com a cabeça dos palitos para fora, e depositado no centro dos círculos, ao lado do champanhe e da vela.

Faça tudo chamando pela Pomba-Gira do médium e pedindo tudo de bom para o mesmo.

Seguindo em frente, coloque o médium, que deve estar sem calçados, em pé, ao lado do círculo, de frente para a estrada, picada ou corredor com as palmas das mãos viradas para cima, isso para que sejam marcados os sete pontos citados abaixo.

Pegue a pemba e risque em forma de cruz três vezes no mesmo local, nos locais citados abaixo:

Nas frontes, no pescoço (frente), na nuca, na palma das mãos, nas costas das mãos, no peito dos pés, nas solas dos pés, e deixe a pemba dentro do círculo.

Abra a lata da banha de ori, engraxe o dedo na banha e passe-o em forma de cruz três vezes em cada local, nos locais citados abaixo:

Nas Frontes, no Pescoço (frente), na Nuca, na Palma das Mãos, nas Costas das mãos, no Peito dos Pés, nas Solas dos Pés, e deixe a banha de ori dentro do círculo.

Pegue o óleo de dendê, molhe o dedo e passe-o em forma de cruz três vezes em cada local, nos locais citados abaixo:

Nas Frontes, no Pescoço (frente), na Nuca, na Palma das Mãos, nas Costas das mãos, no Peito dos Pés, nas Solas dos Pés.

Por último, pegue o mel e molhe o dedo e passe-o em forma de cruz três vezes em cada local, nos locais citados abaixo:

Nas Frontes, no Pescoço (frente), na Nuca, na Palma das Mãos, nas Costas das mãos, no Peito dos Pés, nas Solas dos Pés. Estão encerradas as marcações.

Feito tudo, você e o médium devem cantar o ponto da Pomba-Gira do médium. Talvez ela incorpore no médium (não obrigatoriamente), somente para cumprimentá-lo e devera subir rapidamente.

Tudo encerrado, os dois podem voltar para casa e levarem as sobras dos materiais, como mel e óleo de dendê e sacolas se for o caso para dar melhor fim.

Esse Axé é muito bom para firmar, tanto o médium quanto a entidade, de muita vibração. Os dois devem ter uma boa concentração na hora do ritual e cuidado na hora de realizá-lo para que corra tudo bem.

Após algumas horas, o médium já pode tomar banho e evitar nos próximos três dias não ir a velório, enterro, hospital, não beber bebida alcoólica, não passar ao meio-dia ou a meia-noite em ponto nos cruzeiros, não fazer sexo, não brigar nem discutir com alguém e não incorporar a sua entidade em hipótese alguma durante esses três dias.

Axé de Praia

Material necessário:

Uma pemba vermelha
Um vidro de mel
Um vidro de óleo de dendê
Uma lata de banha de ori
Uma vela branca
Uma garrafa de champanhe
Uma cigarrilha
Uma caixa de fósforos
Sete rosas brancas

Modo de fazer:

Em uma segunda ou sexta-feira, qualquer lua, menos a minguante, depois do médium que for receber o Axé ter tomado seu banho de descarga e de posse do material, de manhã, bem cedo, à tardinha, ou à noite, se preferir. Vá a uma praia, rio ou riacho. Chegando, proceda da seguinte maneira:

Saúde os donos da praia e também a Pomba-Gira que for receber o Axé, escolha um dos cantos da praia, rio ou riacho que seja limpo, acenda a vela e faça um círculo de tamanho médio no chão, com as sete rosas brancas. Deixe a vela acesa no centro do círculo e abra a garrafa de champanhe e vire um pouco no chão, fazendo outro círculo por dentro do círculo das rosas, dê a garrafa de champanhe para o médium que for receber o Axé tomar um gole e deposite a mesma no centro do círculo, em pé, ao lado da vela. Por dentro dos dois círculos (rosas, champanhe), faça outro círculo com o óleo de dendê, deixando uma pequena sobra no vidro para ser usado no médium. E por dentro dos três círculos (rosas, champanhe, óleo de dendê), faça outro círculo com o mel, deixando uma pequena sobra no vidro para ser usado no médium.

Acenda a cigarrilha e dê para o médium dar três baforadas para cima e coloque em cima da caixa de fósforos, que deve ficar semi-aberta com a cabeça dos palitos para fora, e depositado no centro dos círculos, ao lado do champanhe e da vela.

Faça tudo chamando pela Pomba-Gira do médium e pedindo tudo de bom para o mesmo.

Seguindo em frente, coloque o médium, que deve estar sem calçados, em pé, ao lado do círculo, de frente para a água com as palmas das mãos viradas para cima, isso para que sejam marcados os sete pontos citados abaixo.

Pegue a pemba e risque em forma de cruz três vezes no mesmo local, nos locais citados abaixo:

Nas frontes, no pescoço (frente), na nuca, na palma das mãos, nas costas das mãos, no peito dos pés, nas solas dos pés, e deixe a pemba dentro do círculo.

Abra a lata da banha de ori, engraxe o dedo na banha e passe-o em forma de cruz três vezes em cada local, nos locais citados abaixo:

Nas Frontes, no Pescoço (frente), na Nuca, na Palma das Mãos, nas Costas das mãos, no Peito dos Pés, nas Solas dos Pés, e deixe a banha de ori dentro do círculo.

Pegue o óleo de dendê, molhe o dedo e passe-o em forma de cruz três vezes em cada local, nos locais citados abaixo:

Nas Frontes, no Pescoço (frente), na Nuca, na Palma das Mãos, nas Costas das mãos, no Peito dos Pés, nas Solas dos Pés.

Por último, pegue o mel e molhe o dedo e passe-o em forma de cruz três vezes em cada local, nos locais citados abaixo:

Nas Frontes, no Pescoço (frente), na Nuca, na Palma das Mãos, nas Costas das mãos, no Peito dos Pés, nas Solas dos Pés. Estão encerradas as marcações.

Feito tudo, você e o médium devem cantar o ponto da Pomba-Gira do médium. Talvez ela incorpore no médium (não obrigatoriamente), somente para cumprimentá-lo.

Tudo encerrado, os dois podem voltar para casa e levarem as sobras dos materiais, como mel e óleo de dendê e sacolas.

Esse Axé é muito bom para firmar, tanto o médium quanto a entidade, de muita vibração. Os dois devem ter uma boa concentração na hora do ritual e cuidado na hora de realizá-lo para que corra tudo bem.

Após algumas horas, o médium já pode tomar banho e evitar nos próximos três dias não ir a velório, enterro, hospital, não beber bebida alcoólica, não passar ao meio-dia ou a meia-noite em ponto nos cruzeiros, não fazer sexo, não brigar nem discutir com alguém e não incorporar a sua entidade em hipótese alguma durante esses três dias.

Axé de Alma

Material necessário:

Uma pemba vermelha
Um vidro de mel
Um vidro de óleo de dendê
Uma lata de banha de ori
Uma vela branca
Uma garrafa de champanhe
Uma cigarrilha
Uma caixa de fósforos
Sete rosas brancas

Modo de fazer:

Em uma segunda ou sexta-feira, qualquer lua, menos a minguante, depois do médium que for receber o Axé ter tomado seu banho de descarga e de posse do material, de manhã, bem cedo, à tardinha, ou à noite, se preferir. Vá a um cemitério. Chegando, proceda da seguinte maneira:

Saúde os donos do cemitério e também a Pomba-Gira que for receber o Axé, escolha um dos cantos do cruzeiro central dentro do cemitério que seja limpo, acenda a vela e faça um círculo de tamanho médio no chão, com as sete rosas brancas. Deixe a vela acesa no centro do círculo e abra a garrafa de champanhe e vire um pouco no chão, fazendo outro círculo por dentro do círculo das rosas, dê a garrafa de champanhe para o médium que for receber o Axé tomar um gole e deposite a mesma no centro do círculo, em pé, ao lado da vela. Por dentro dos dois círculos (rosas, champanhe), faça outro círculo com o óleo de dendê, deixando uma pequena sobra no vidro para ser usado no médium. E por dentro dos três círculos (rosas, champanhe, óleo de dendê), faça outro círculo com o mel, deixando uma pequena sobra no vidro para ser usado no médium.

Acenda a cigarrilha e dê para o médium dar três baforadas para cima e coloque em cima da caixa de fósforos, que deve ficar semi-aberta com a cabeça dos palitos para fora, e depositado no centro dos círculos, ao lado do champanhe e da vela.

Faça tudo chamando pela Pomba-Gira do médium e pedindo tudo de bom para o mesmo.

Seguindo em frente, coloque o médium, que deve estar sem calçados, em pé, ao lado do círculo, de frente para o centro do cruzeiro central com as palmas das mãos viradas para cima, isso para que sejam marcados os sete pontos citados abaixo.

Pegue a pemba e risque em forma de cruz três vezes no mesmo local, nos locais citados abaixo:

Nas frontes, no pescoço (frente), na nuca, na palma das mãos, nas costas das mãos, no peito dos pés, nas solas dos pés, e deixe a pemba dentro do círculo.

Abra a lata da banha de ori, engraxe o dedo na banha e passe-o em forma de cruz três vezes em cada local, nos locais citados abaixo:

Nas Frontes, no Pescoço (frente), na Nuca, na Palma das Mãos, nas Costas das mãos, no Peito dos Pés, nas Solas dos Pés, e deixe a banha de ori dentro do círculo.

Pegue o óleo de dendê, molhe o dedo e passe-o em forma de cruz três vezes em cada local, nos locais citados abaixo:

Nas Frontes, no Pescoço (frente), na Nuca, na Palma das Mãos, nas Costas das mãos, no Peito dos Pés, nas Solas dos Pés.

Por último, pegue o mel e molhe o dedo e passe-o em forma de cruz três vezes em cada local, nos locais citados abaixo:

Nas Frontes, no Pescoço (frente), na Nuca, na Palma das Mãos, nas Costas das mãos, no Peito dos Pés, nas Solas dos Pés. Estão encerradas as marcações.

Feito tudo, você e o médium devem cantar o ponto da Pomba-Gira do médium. Talvez ela incorpore no médium (não obrigatoriamente), somente para cumprimentá-lo.

Tudo encerrado, os dois podem voltar para casa e levarem as sobras dos materiais, como mel e óleo de dendê e sacolas.

Esse Axé é muito bom para firmar, tanto o médium quanto a entidade, de muita vibração. Os dois devem ter uma boa concentração na hora do ritual e cuidado na hora de realizá-lo para que corra tudo bem.

Após algumas horas, o médium já pode tomar banho e evitar nos próximos três dias não ir a velório, enterro, hospital, não beber bebida alcoólica, não passar ao meio-dia ou a meia-noite em ponto nos cruzeiros, não fazer sexo, não brigar nem discutir com alguém e não incorporar a sua entidade em hipótese alguma durante esses três dias.

Obs.: Sendo o cemitério um local de baixas energias muito cuidado, você está lidando com os chacras do médium. Portanto, se tiver alguma dúvida ou se você preferir, pode dar esse Axé no lado de fora do cemitério no cruzeiro mais próximo que tiver sem problema algum.

E sempre que você for dar esses Axés (cruzeiro, mato, praia, alma), deve levar alguém junto (um médium firme) para ajudá-lo.

Todas as pessoas que participarem do Axé de Alma realizado dentro do cemitério, após chegarem em casa, deverão se descarregar, com exceção do médium que deve se descarregar algumas horas depois com um banho de sal grosso, antes do banho higiênico. Caso o Axé tenha sido dado no lado de fora do cemitério, no cruzeiro não é necessário se descarregar.

Quanto à abertura dos chacras do médium, em hipótese alguma marque o centro da cabeça do médium (áurea) com qualquer um desses itens usados anteriormente. Este chacra pertence exclusivamente a Umbanda e não a sua Linha de Esquerda. Só deve ser marcado, juntamente com os outros locais dentro de um terreiro ou casa de Umbanda, antes dos rituais de batizado, lavagem de cabeça, cruzamento ou reforço com ervas feito no médium, e a pemba usada deve ser branca.

Axé de Fala (Língua)

Esse Axé, ao contrário dos outros, deve ser um dos primeiro e único a ser dado longe dos olhos do público. Um dos primeiro porque, muitas Pombas--Giras novas (Pombas-Giras verdadeiras) ao começarem incorporar em suas matérias, não falam e não cantam até se familiarizar bem com o médium e o local onde está se manifestando.

Após esse tempo, espera a autorização do chefe do local para poder cantar e riscar seu ponto, por isso deve ser um dos primeiros.

Único a ser dado longe dos olhos do público, porque muitos chefes de terreiros consideram esse Axé como Prova se a Pomba-Gira manifestada é verdadeira ou não, devendo esse então ser feito em uma peça ou local separado de portas fechadas, e só participará do ritual um ou dois médiuns no máximo, incorporados com suas Entidades, que já tenham passado por esse Ritual de Axé de fala (língua ou prova), ou seja, que já falem, ou simplesmente que a Entidade seja bem antiga na religião.

Um para segurar a vela acesa e o outro para ajudar agarrando as vasilhas para o médium que for realizar o ritual que pode estar incorporado com sua Entidade ou não para realizá-lo.

Como esse Axé é considerado um segredo, você não pode realizá-lo para si próprio. Portanto, se você incorpora somente em casa e sua Pomba-Gira já fala, canta, e já riscou o seu ponto, não é necessário realizá-lo. A não ser que você queira chamar alguém para realizá-lo, que deve fazê-lo do jeito e costume do médium escolhido.

Material necessário e substituível para o Axé

Um punhado de sal moído

Um punhado de açúcar

Uma pitada de pimenta moída ou ralada

Um ovo cru

Três mechas de algodão com mais ou menos 7 cm de comprimento e mais ou menos 2cm de largura e com mais da metade do comprimento umedecida no óleo de dendê ou álcool (ACARÁ)

Um vidro de óleo de dendê

Uma garrafa de cachaça

Uma garrafa de champanhe

Um vidro pequeno de mel

Uma vela branca acesa

Um pano ou guardanapo

Um prato de louça para ser colocado dentro o ovo, sal, açúcar, pimenta e as buchas de algodão devidamente preparadas

Uma bandeja com pétalas de rosas vermelhas ou brancas

Modo de fazer:

Em um dia de festa ou gira comum, convide uma ou duas Entidades que irão ajudar no ritual. Leve-as ao local onde será realizado o ritual, dando a uma delas a vela acesa para segurar e à outra o prato. Se for só uma Entidade, essa deve segurar os dois.

Volte ao local onde está sendo realizada a festa ou gira comum, pegue o médium, que deve estar devidamente incorporado com sua Pomba-Gira que irá receber o Axé de fala (língua), e conduza ao local onde será feito o ritual. Isso tudo pode ser feito por você ou por sua Entidade do começo ao fim. A festa ou gira comum deve continuar normal durante o tempo em que estiver sendo realizado o ritual de Axé.

1. Sente a Pomba-Gira que irá receber o Axé de fala em uma cadeira, que deve estar no local quando você chegar.

2. Coloque o pano ou guardanapo em forma de babeiro na Pomba-Gira.

3. Mande a Pomba-Gira abrir a boca, pegue do prato com os dedos um punhado de sal e introduza na boca dela. Diga estas ou outras palavras parecidas, enquanto a Pomba-Gira engole o conteúdo:
   Que a senhora (dizer o nome da Pomba-Gira), conheça o sal para que possa livrar a sua matéria que ocupa de toda a salgadura que lhe possa ser enviada em todos os sentidos e durante todo o tempo de sua vida terrena.

4. Pegue um punhado de açúcar do prato, com os dedos, e introduza na boca da Pomba-Gira, que deve engolir. Diga estas ou outras palavras parecidas enquanto a Pomba-Gira engole o conteúdo:
   Que a senhora (dizer o nome da Pomba-Gira), conheça o açúcar para que possa adoçar os caminhos da sua matéria que ocupa em todos os sentidos e durante todo o tempo de sua vida terrena.

5. Em seguida pegue uma pitada de pimenta do prato com os dedos e introduza na boca da Pomba-Gira, que deve engolir. Diga estas ou outras palavras parecidas enquanto a Pomba-Gira engole o conteúdo:
   Que a senhora (dizer o nome da Pomba-Gira), conheça a pimenta que arde e queima como o fogo para que possa defender a sua matéria que ocupa de todas as coisas que ardem e queimam em todos os sentidos e durante todo o tempo de sua vida terrena.

6. Pegue o ovo, dê uma batidinha na beira do prato para que possa trincá-lo, levante a cabeça da Pomba-Gira para cima e leve o ovo até a mesma, terminando de quebrá-lo na boca da Pomba-Gira. Diga estas ou outras palavras parecidas enquanto a Pomba-Gira engole o conteúdo:
   Que a senhora (dizer o nome da Pomba-Gira), conheça o ovo que gera a vida para que possa daqui para frente gerar muitas coisas boas em

todos os sentidos para a sua matéria que ocupa e, principalmente, uma nova vida Terrena.

7. Pegue do prato pela parte seca (ponta), uma mecha de algodão que já deve estar umedecida na outra parte no óleo de dendê ou álcool.

   Explique à Pomba-Gira que você colocará a mecha com fogo na sua boca e que a mesma deve fechar a boca rapidamente apagando o fogo sem mastigar ou engolir a mecha, devolvendo-a.

   Leve a mecha até a vela acesa para pegar fogo na parte umedecida, espere firmar bem o fogo e introduza na boca da Pomba-Gira, que deve fechar a boca rapidamente, apagando o fogo sem mastigar ou engolir a mecha devolvendo-a ao médium ou Entidade que estiver realizando o ritual. Repita a mesma coisa com as outras duas mechas deixando-as novamente no prato. Durante o ritual, diga estas ou outras palavras parecidas:

   Que a senhora (dizer o nome da Pomba-Gira), conheça o fogo que queima para que possa defender a sua matéria que ocupa de todo o fogo que possa lhe ser enviado em todos os sentidos e durante todo o tempo de sua vida terrena.

8. Dê à Pomba-Gira um gole de óleo de dendê e um gole de cachaça. Diga estas ou outras palavras parecidas enquanto ela engole o conteúdo:

   Que a senhora (dizer o nome da Pomba-Gira), possa com esse óleo de dendê e essa cachaça, condensar e repulsar todas as energias negativas atraídas pela sua matéria que ocupa em todos os sentidos e durante toda sua vida terrena.

9. Introduza um pouco de mel na boca da Pomba-Gira, espere ela engolir e dê um gole de champanhe. Diga estas ou outras palavras parecidas, enquanto a Pomba-Gira engole o conteúdo.

   Que a senhora (dizer o nome da Pomba-Gira), possa com esse mel e esse champanhe condensar e atrair muitas energias positivas para sua matéria que ocupa em todos os sentidos e durante toda sua vida terrena.

10. Pegue a vela acesa da mão da Entidade que está segurando e coloque na testa da Pomba-Gira. Diga estas ou outras palavras parecidas:

    A partir de agora, a senhora (dizer o nome da Pomba-Gira), está liberada para falar aqui ou em qualquer lugar que vier a incorporar a sua matéria, devendo falar somente o necessário, sem criticar ou ofender nenhuma pessoa ou Entidade, sem mentir ou criar intrigas entre as pessoas ou Entidades, respeitar e zelar sempre pelos preceitos da religião enquanto estiver incorporando essa matéria durante toda a sua vida terrena.

    Assim está encerrado o ritual de Axé de fala (língua).

11. Mande alguém levar a vela acesa para o Assentamento (Ponto de Força), e junto mande despachar os resíduos do prato no pátio ou na rua. O restante do material pode ser usado novamente (cachaça, champanhe, mel, dendê).

    Pegue a bandeja com as pétalas já preparadas e distribua para algumas pessoas e Entidades presente no local da festa, ou gira comum, para que joguem por cima da Pomba-Gira que recebeu o Axé de fala na hora indicada.

    Agora junto com as outras duas Entidades ou uma se for o caso que ajudaram no ritual, leve a Pomba-Gira que recebeu o Axé de fala de volta para o local da festa ou gira comum. Chegando ao local, peça agô a todos e apresente a Pomba-Gira dizendo seu nome às pessoas e Entidades presentes. Diga algumas palavras referentes ao Axé recebido pela Pomba-Gira com sucesso e agradeça à(s) Entidade(s) que ajudaram no ritual.

    Após você ou sua entidade, se for o caso, deve puxar (cantar) o ponto a seguir:

    Essa Fala não foi Deus quem lhe deu; essa Fala não foi Deus quem lhe deu; ela ganhou dos Sete Exus; foi o (a) (dizer o nome da entidade que está dando o axé) quem lhe deu; ela ganhou dos Sete Exus; foi o (a) (dizer o nome da entidade que está dando o axé) quem lhe deu.

Enquanto estiver cantando o ponto, abrace a Pomba-Gira cumprimentando-a. Se você fez todo o ritual sem estar incorporado, nessa hora do abraço a sua Entidade chegará (incorporará) em você e as duas dançarão. Todos devem jogar as pétalas de rosas por cima das Entidades, ou somente da Pomba-Gira que recebeu o Axé.

Após esse ponto cantado e dançado, a Pomba-Gira que recebeu o Axé de fala pode falar alguma coisa ou simplesmente puxar (cantar) seu ponto dançando novamente. Daí para frente, as outras Entidades podem cumprimentar a mesma e a festa ou gira comum segue normal.

Obs.: Se você fez todo esse ritual sem estar incorporado, o processo é o mesmo do começo ao fim estando você incorporado ou não. Pode ser mudado algo ao seu critério ou a critério de sua Entidade. Quanto aos itens usados no ritual de Axé de fala (língua), não esqueça que você não só pode como deve trocar, acrescentar ou diminuir algum item referente ao Axé de fala, pois assim você estará mantendo o segredo.

Axé de Chapéu

Material necessário:

Chapéu
Uma bandeja de inox ou plástico que caiba o chapéu
Pétalas de rosas vermelhas ou brancas (bastante)
Uma vela branca

Modo de fazer:

Em um dia de festa ou gira comum mais ou menos no meio da gira, o médium ou Entidade que for dar o Axé de chapéu, deve proceder da seguinte maneira: Enquanto a gira segue normal, prepare o material.

Coloque o chapéu em cima da bandeja e algumas pétalas por cima, acenda a vela e prenda colando a parte de baixo ao lado do chapéu em cima da bandeja.

Coloque o restante das pétalas em uma vasilha e vá até o local onde está sendo realizada a gira e distribua nas mãos de algumas pessoas e Entidades presentes, para que na hora indicada joguem por cima da Pomba-Gira que está recebendo o Axé de chapéu. Volte e pegue a bandeja com o chapéu, peça agô (licença) a todos os presentes e mande a Pomba-Gira que irá receber o Axé de chapéu se ajoelhar de frente para você, ou sua Entidade, se for o caso. Diga algumas palavras bonitas referentes à Pomba-Gira e a seu merecimento de estar recebendo o Axé de chapéu de suas mãos. Peça uma salva de palmas enquanto você ou sua Entidade coloca o chapéu na cabeça da mesma. Na sequência, puxe (cante) o ponto a seguir enquanto você levanta a Pomba-Gira e a abrace-a em forma de cumprimento.

Ela deverá dançar esse ponto cantado enquanto as pessoas e as Entidades escolhidas jogam as pétalas de rosas por cima dela.

Esse chapéu não foi Deus quem lhe deu; esse chapéu não foi Deus quem lhe deu; ela ganhou dos Sete Exus; foi o (a) (dizer o nome da entidade que está dando o axé) quem lhe deu; ela ganhou dos Sete Exus; foi o (a) (dizer o nome da entidade que está dando o axé) quem lhe deu.

Após o término do ponto, a Pomba-Gira que recebeu o Axé de chapéu pode dizer algumas palavras em agradecimento referente ao Axé recebido. Se preferir, pode simplesmente puxar (cantar) o seu ponto e dançar novamente. Feito isso, as Entidades presentes poderão cumprimentar a Pomba-Gira, e a gira continua normal. E está encerrada a cerimônia de entrega do Axé de chapéu.

Obs.: Essa entrega do Axé de chapéu é uma entrega básica e simbólica, podendo ser acrescentado algo a mais a seu critério ou a critério de sua Entidade. A partir desse ritual de Axé de chapéu, a Entidade está liberada para usar o chapéu em qualquer lugar que vier a incorporar a sua matéria. Quanto à vela, após o ritual, deverá ir para o Assentamento (Ponto de Força).

Presente

Se você não possui um terreiro e não frequenta um, trabalha em sua casa, sozinho ou acompanhado de algumas pessoas médiuns ou não e, por acaso, a sua Pomba-Gira ganhar um chapéu de presente de alguma pessoa por agradecimento de algum objetivo alcançado com a ajuda da mesma. Ou até mesmo por agrado de alguém. Ou, caso você resolva dar um chapéu de presente à sua Pomba-Gira e quiser fazer um ritual de entrega para que ela receba o mesmo. A sua Pomba-Gira deverá recebê-lo da seguinte forma:

Material necessário:

Chapéu
Uma bandeja de inox ou plástico que caiba o chapéu dentro
Pétalas de rosas vermelhas ou brancas (bastante)
Uma vela branca

Modo de Fazer:

Antes de você incorporar sua Pomba-Gira, você deve deixar todo material arrumado. Coloque o Chapéu em cima da bandeja e algumas Pétalas de Rosas por cima, prenda a vela colando a parte de baixo no lado do Chapéu em cima da bandeja. Coloque o restante das Pétalas de Rosas em uma vasilha e dê a algumas pessoas presentes, se for o caso, para que joguem em cima da Pomba-Gira na hora da entrega do presente.

Reserve tudo em algum lugar até o momento de ser entregue pela pessoa à Pomba-Gira. Após tudo organizado, você deve incorporar sua Pomba-Gira para que seja feita a entrega do Chapéu pela pessoa que esta presenteando a Pomba-Gira.

Isso tudo deve ser feito da seguinte forma, depois de você já ter incorporado a sua Pomba-Gira, a pessoa que está presenteando deve pegar a bandeja já com a vela, chapéu e as pétalas de rosas devidamente arrumadas e acender a vela e dirigir-se até a Pomba-Gira ajoelhando-se na frente da mesma e oferecendo-lhe a bandeja com o presente.

Após, a Pomba-Gira deve pegar a bandeja com o presente e mostrar em direção as pessoas presentes, se for o caso, que também poderão jogar pétalas de rosas por cima da Pomba-Gira e baterem palmas. Seguindo em frente, a Pomba-Gira deve colocar o chapéu na sua cabeça, levantar a pessoa que está ajoelhada e, com certeza, ela dirá algumas palavras em agradecimento à pessoa que está lhe presenteando, agradecendo também às pessoas presentes, se for o caso, pela colaboração de ajudarem nesse ritual.

Feito isso, a Pomba-Gira deve puxar (cantar) o ponto a seguir seguido do seu próprio ponto, dançando e finalizando assim a cerimônia de entrega do presente.

Se eu ganhei esse Chapéu
É porque eu sou Pomba-Gira
Se eu ganhei esse Chapéu
É porque eu sou Pomba-Gira.
Eu recebo e agradeço.
Muito obrigado na Linha da Pomba-Gira.
Eu recebo e agradeço.
Muito obrigado na Linha da Pomba-Gira.

Obs.: Essa entrega do Chapéu como presente é uma entrega básica e simbólica podendo ser acrescentado algo a mais á seu critério ou a critério de sua Entidade, que só vira a abrilhantar ainda mais a entrega do presente.

Quanto à Vela após o ritual devera ir para o Assentamento (Ponto de Força) ou para uma encruzilhada, caso não tenha assentamento.

Axé de Coroa

Material necessário:

Coroa
Uma bandeja de inox ou plástico que caiba a Coroa
Pétalas de rosas vermelhas ou brancas (bastante)
Uma vela branca

Modo de fazer:

Em um dia de festa ou gira comum mais ou menos no meio da gira, o médium ou Entidade que for dar o Axé de coroa, deve proceder da seguinte maneira: Enquanto a gira segue normal, prepare o material.

Coloque a coroa em cima da bandeja e algumas pétalas de rosas por cima, acenda a vela e prenda colando a parte de baixo ao lado da coroa em cima da bandeja.

Coloque o restante das pétalas em uma vasilha e vá até o local onde está sendo realizada a gira e distribua nas mãos de algumas pessoas e Entidades presentes, para que na hora indicada joguem por cima da Pomba-Gira que está recebendo o Axé de coroa. Volte e pegue a bandeja com a coroa, peça agô (licença) a todos os presentes e mande a Pomba-Gira que irá receber o Axé de coroa se ajoelhar de frente para você, ou sua Entidade, se for o caso. Diga algumas palavras bonitas referentes à Pomba-Gira e a seu merecimento de estar recebendo o Axé de coroa de suas mãos. Peça uma salva de palmas enquanto você ou sua Entidade coloca a coroa na cabeça da mesma. Na sequência, puxe (cante) o ponto a seguir enquanto você levanta a Pomba-Gira e a abraça-a em forma de cumprimento.

Ela deverá dançar esse ponto cantado enquanto as pessoas e as Entidades escolhidas jogam as pétalas de rosas por cima dela.

Essa coroa não foi Deus quem lhe deu; essa coroa não foi Deus quem lhe deu; ela ganhou dos Sete Exus; foi o (a) (dizer o nome da entidade que está dando o axé) quem lhe deu; ela ganhou dos Sete Exus; foi o (a) (dizer o nome da entidade que está dando o axé) quem lhe deu.

Após o término do ponto, a Pomba-Gira que recebeu o Axé de coroa pode dizer algumas palavras em agradecimento referente ao Axé recebido. Se preferir, pode simplesmente puxar (cantar) o seu ponto e dançar novamente. Feito isso, as Entidades presentes poderão cumprimentar a Pomba-Gira, e a gira continua normal. E está encerrada a cerimônia de entrega do Axé de coroa.

Obs.: Essa entrega do Axé de coroa é uma entrega básica e simbólica, podendo ser acrescentado algo a mais a seu critério ou a critério de sua Entidade. A partir desse ritual de Axé de coroa, a Entidade está liberada para usar a coroa em qualquer lugar que vier a incorporar a sua matéria. Quanto à vela, após o ritual, deverá ir para o Assentamento (Ponto de Força).

Presente

Se você não possui um terreiro e não frequenta um, trabalha em sua casa, sozinho ou acompanhado de algumas pessoas médiuns ou não e, por acaso, a sua Pomba-Gira ganhar uma coroa de presente de alguma pessoa por agradecimento de algum objetivo alcançado com a ajuda da mesma. Ou até mesmo por agrado de alguém. Ou, caso você resolva dar uma coroa de presente à sua Pomba-Gira e quiser fazer um ritual de entrega para que ela receba o mesmo. A sua Pomba-Gira deverá recebê-lo da seguinte forma:

Material necessário:

Coroa
Uma bandeja de inox ou plástico que caiba a coroa
Pétalas de rosas vermelhas ou brancas (bastante)
Uma vela branca

Modo de fazer:

Coloque a coroa em cima da bandeja e algumas pétalas de rosas por cima. Prenda a vela, colando a parte de baixo ao lado da coroa, em cima da bandeja. Coloque o restante das pétalas em uma vasilha e dê às pessoas presentes, se for o caso, isso para que joguem em cima da Pomba-Gira na hora da entrega do presente.

Reserve tudo em algum lugar, até o momento de ser entregue pela pessoa à Pomba-Gira. Após tudo organizado, você deve incorporar sua Pomba-Gira para que seja feita a entrega da coroa pela pessoa que está presenteando a Pomba-Gira. Isso tudo deve ser feito da seguinte forma:

Depois de você já ter incorporado a sua Pomba-Gira, a pessoa que está presenteando deve pegar a bandeja com a vela, coroa e pétalas devidamente arrumadas e acender a vela e dirigir-se à Pomba-Gira ajoelhando-se na frente da mesma e oferecendo a bandeja com o presente. Após, a Pomba-Gira deve pegar a bandeja com o presente e mostrar às pessoas presentes, se for o caso, que também poderão jogar pétalas por cima da Pomba-Gira e baterem palmas. Seguindo em frente, a Pomba-Gira deve colocar a coroa na cabeça e levantar a pessoa que está ajoelhada. Com certeza, ela dirá algumas palavras em agradecimento à pessoa que está lhe presenteando, agradecendo também às pessoas presentes se for o caso, pela colaboração de ajudarem no ritual.

Feito isso, a Pomba-Gira deve puxar (cantar), o ponto a seguir, seguido do seu próprio ponto, dançando e finalizando a cerimônia de entrega do presente.

Se eu ganhei essa coroa é porque eu sou Pomba-Gira; se eu ganhei essa coroa é porque eu sou Pomba-Gira; eu recebo e agradeço: muito obrigado na linha da Pomba Gira. Eu recebo e agradeço: muito obrigado na linha da Pomba-Gira.

Obs.: Essa entrega de coroa como presente é uma entrega básica e simbólica, podendo ser acrescentado algo a mais a seu critério ou a critério de sua Entidade. Quanto à vela, após o ritual, deve ir para o Assentamento (Ponto de Força) ou para uma encruzilhada, caso não tenha assentamento.

Axé de Capa

Material Necessário

Capa

Uma bandeja de inox ou plástico grande que caiba a Capa dentro (dobrada)

Pétalas de rosas vermelhas ou brancas (bastante)

Uma vela branca

Modo de Fazer:

Em um dia de festa ou gira comum em um determinado momento mais ou menos no meio da gira, o médium ou Entidade que for dar o Axé de Capa, deve proceder da seguinte maneira.

Enquanto a gira segue normal, vá a outra peça da casa e prepare o material. Coloque a Capa Dobrada em cima da bandeja e algumas Pétalas de Rosas por cima, acenda a vela e prenda colando a parte de baixo no lado da Capa em cima da bandeja (cuidado para não queimar a capa). O restante das Pétalas de Rosas coloque em uma vasilha e vá até o local onde está sendo realizada a gira e distribua nas mãos de algumas pessoas e Entidades presentes para que na hora indicada joguem por cima da Pomba-Gira que está recebendo o Axé de Capa.

Volte e pegue a bandeja com a Capa peça agô (licença) a todos os presentes e mande a Pomba-Gira que irá receber o Axé de Capa se ajoelhar de frente para você ou sua Entidade, se for o caso. Diga algumas palavras bonitas referentes à Pomba-Gira e a seu merecimento de estar recebendo o Axé de Capa de suas mãos.

Dê a bandeja para alguém segurar e peça uma salva de palmas enquanto você levanta a Pomba-Gira e coloca a Capa na mesma. Após, você deve abraçá-la em forma de cumprimento, e se tiver uma ou mais entidades presente usando capa, nesse momento você deve convidá-las para tirarem suas capas e colocarem também por cima da Pomba-Gira, que já deve estar com a sua capa. Na sequência puxe (cante) o ponto a seguir e a Pomba-Gira deve dançar esse ponto cantado com todas as Capas que estão por cima dela, se for o caso, ou somente com a sua, enquanto as pessoas e as Entidades escolhidas jogam as Pétalas de Rosas por cima dela.

Essa Capa não foi Deus quem lhe deu
Essa Capa não foi Deus quem lhe deu
Ela ganhou dos Sete Exus.
Foi o (a) (dizer o nome da entidade que está dando o axé) quem lhe deu.
Ela ganhou dos Sete Exus. Foi o (a) (dizer o nome da entidade que está dando o axé) quem lhe deu.

Após o término do ponto cantado e dançado pela mesma as Entidades recolherão suas Capas se for o caso e a Pomba Gira que recebeu o Axé de Capa já poderá ficar com a sua, e deverá dizer algumas palavras em agradecimento referente ao Axé de Capa recebido ou se preferir poderá simplesmente puxar (cantar) o seu ponto e dançar novamente. Feito isso as Entidades presentes poderão agora cumprimentar a Pomba Gira, e a gira continua normal. Estando assim encerrada a cerimônia de entrega do Axé de Capa.

Obs.: Essa entrega do Axé de Capa é uma entrega básica e simbólica, podendo ser acrescentado algo a mais á seu critério ou a critério de sua Entidade que só vira a abrilhantar ainda mais a entrega e a partir desse ritual de Axé de Capa a Entidade esta liberada para usar a Capa em qualquer lugar que vier a incorporar a sua matéria.

Quanto á Vela após o ritual devera ir para o Assentamento (Ponto de Força).

Presente

Se você não possui um terreiro e não frequenta um, trabalha em sua casa, sozinho ou acompanhado de algumas pessoas médiuns ou não e, por acaso, a sua Pomba-Gira ganhar uma capa de presente de alguma pessoa por agradecimento de algum objetivo alcançado com a ajuda da mesma. Ou até mesmo por agrado de alguém. Ou, caso você resolva dar uma capa de presente à sua Pomba-Gira e quiser fazer um ritual de entrega. A sua Pomba-Gira deverá recebê-la da seguinte forma:

Material necessário:

Capa
Uma bandeja de inox ou plástico grande que caiba a Capa (dobrada)
Pétalas de rosas vermelhas ou brancas (bastante)
Uma vela branca

Modo de fazer:

Coloque a capa em cima da bandeja e algumas pétalas de rosas por cima. Prenda a vela, colando a parte de baixo ao lado da capa, em cima da bandeja. Coloque o restante das pétalas em uma vasilha e dê às pessoas presentes, se for o caso, isso para que joguem em cima da Pomba-Gira na hora da entrega do presente.

Reserve tudo em algum lugar, até o momento de ser entregue pela pessoa à Pomba-Gira. Após tudo organizado, você deve incorporar sua Pomba-Gira para que seja feita a entrega da capa pela pessoa que está presenteando a Pomba--Gira. Isso tudo deve ser feito da seguinte forma:

Depois de você já ter incorporado a sua Pomba-Gira, a pessoa que está presenteando, deve pegar a bandeja com a vela, capa e pétalas devidamente arrumadas e acender a vela (cuidado para não queimar a capa) e dirigir-se à Pomba-Gira ajoelhando-se na frente da mesma e oferecendo a bandeja com o presente. Após, a Pomba-Gira deve pegar a bandeja com o presente e mostrar às pessoas presentes, se for o caso, que também poderão jogar pétalas de rosas por cima da Pomba-Gira e baterem palmas. Seguindo em frente, a Pomba-Gira com a ajuda de alguém deve colocar a capa e levantar a pessoa que está ajoelhada. Com certeza, ela dirá algumas palavras em agradecimento à pessoa que está lhe presenteando, agradecendo também às pessoas presentes, pela colaboração.

Feito isso, a Pomba-Gira deve puxar (cantar), o ponto a seguir, seguido do seu próprio ponto, dançando e finalizando a cerimônia de entrega do presente.

Se eu ganhei essa capa é porque eu sou Pomba-Gira; se eu ganhei essa capa é porque eu sou Pomba-Gira; eu recebo e agradeço: muito obrigado na linha da Pomba-Gira. Eu recebo e agradeço: muito obrigado na linha da Pomba-Gira.

Obs.: Essa entrega de capa como presente é uma entrega básica e simbólica, podendo ser acrescentado algo a mais a seu critério ou a critério de sua Entidade. Quanto à vela, após o ritual, deve ir para o Assentamento (Ponto de Força) ou para uma encruzilhada, caso não tenha assentamento.

Axé de Bengala

Material necessário:

Bengala
Uma bandeja de inox ou plástico grande
Pétalas de rosas vermelhas ou brancas (bastante)
Uma vela branca

Modo de fazer:

Em um dia de festa ou gira comum mais ou menos no meio da gira, o médium ou Entidade que for dar o Axé de bengala, deve proceder da seguinte maneira: Enquanto a gira segue normal, prepare o material.

Coloque a bengala em cima da bandeja e algumas pétalas de rosas por cima, acenda a vela e prenda colando a parte de baixo ao lado da bengala em cima da bandeja.

Coloque o restante das pétalas em uma vasilha e vá até o local onde está sendo realizada a gira e distribua nas mãos de algumas pessoas e Entidades presentes, para que na hora indicada joguem por cima da Pomba-Gira que está recebendo o Axé de bengala. Volte e pegue a bandeja com a bengala, peça agô (licença) a todos os presentes e mande a Pomba-Gira que irá receber o Axé se ajoelhar de frente para você, ou sua Entidade, se for o caso. Diga algumas palavras bonitas referentes à Pomba-Gira e a seu merecimento de estar recebendo o Axé de suas mãos. Peça uma salva de palmas enquanto você ou sua Entidade passa a bengala para a mesma. Na sequência, puxe (cante) o ponto a seguir enquanto você levanta a Pomba-Gira e abraça-a em forma de cumprimento.

Ela deverá dançar esse ponto cantado já com a bengala nas mãos enquanto as pessoas e as Entidades escolhidas jogam as pétalas de rosas por cima dela.

Essa bengala não foi Deus quem lhe deu; essa bengala não foi Deus quem lhe deu; ela ganhou dos Sete Exus; foi o (a) (dizer o nome da entidade que está dando o axé) quem lhe deu; ela ganhou dos Sete Exus; foi o (a) (dizer o nome da entidade que está dando o axé) quem lhe deu.

Após o término do ponto, a Pomba-Gira que recebeu o Axé de bengala pode dizer algumas palavras em agradecimento referente ao Axé recebido. Se preferir, pode simplesmente puxar (cantar) o seu ponto e dançar novamente. Feito isso, as Entidades presentes poderão cumprimentar a Pomba-Gira, e a gira continua normal. E está encerrada a cerimônia de entrega do Axé de bengala.

Obs.: Essa entrega do Axé de bengala é uma entrega básica e simbólica, podendo ser acrescentado algo a mais a seu critério ou a critério de sua Entidade. A partir desse ritual, a Entidade está liberada para usar a bengala em qualquer lugar que vier a incorporar a sua matéria. Quanto à vela, após o ritual, deverá ir para o Assentamento (Ponto de Força).

Presente

Se você não possui um terreiro e não frequenta um, trabalha em sua casa, sozinho ou acompanhado de algumas pessoas médiuns ou não e, por acaso, a sua Pomba-Gira ganhar uma bengala de presente de alguma pessoa por agradecimento de algum objetivo alcançado com a ajuda da mesma. Ou até mesmo por agrado de alguém. Ou, caso você resolva dar uma bengala de presente à sua Pomba-Gira e quiser fazer um ritual de entrega para que ela receba o mesmo. A sua Pomba-Gira deverá recebê-lo da seguinte forma:

Material necessário:

Bengala
Uma bandeja de inox ou plástico grande
Pétalas de rosas vermelhas ou brancas (bastante)
Uma vela branca

Modo de fazer:

Coloque a bengala em cima da bandeja e algumas pétalas de rosas por cima. Prenda a vela, colando a parte de baixo ao lado da bengala, em cima da bandeja. Coloque o restante das pétalas em uma vasilha e dê às pessoas presentes, se for o caso, isso para que joguem em cima da Pomba-Gira na hora da entrega do presente.

Reserve tudo em algum lugar, até o momento de ser entregue pela pessoa à Pomba-Gira. Após tudo organizado, você deve incorporar sua Pomba-Gira para que seja feita a entrega da bengala pela pessoa que está presenteando a Pomba-Gira. Isso tudo deve ser feito da seguinte forma:

Depois de você já ter incorporado a sua Pomba-Gira, a pessoa que está presenteando deve pegar a bandeja com a vela, bengala e pétalas de rosas devidamente arrumadas e acender a vela e dirigir-se à Pomba-Gira ajoelhando-se na frente da mesma e oferecendo a bandeja com o presente. Após, a Pomba-Gira deve pegar a bandeja com o presente e mostrar às pessoas presentes, se for o caso, que também poderão jogar pétalas de rosas por cima da Pomba-Gira e baterem palmas. Seguindo em frente, a Pomba-Gira deve pegar a bengala e levantar a pessoa que está ajoelhada. Com certeza, ela dirá algumas palavras em agradecimento à pessoa que está lhe presenteando, agradecendo também às pessoas presentes se for o caso, pela colaboração.

Feito isso, a Pomba-Gira deve puxar (cantar), o ponto a seguir, seguido do seu próprio ponto, dançando e finalizando a cerimônia de entrega do presente.

Se eu ganhei essa bengala é porque eu sou Pomba-Gira; se eu ganhei essa bengala é porque eu sou Pomba-Gira; eu recebo e agradeço: muito obrigado na linha da Pomba-Gira. Eu recebo e agradeço: muito obrigado na linha da Pomba-Gira.

Obs.: Essa entrega de bengala é uma entrega básica e simbólica, podendo ser acrescentado algo a mais a seu critério ou a critério de sua Entidade. Quanto à vela, após o ritual, deve ir para o Assentamento (Ponto de Força) ou para uma encruzilhada, caso não tenha assentamento.

Axé de Guia Imperial

Material necessário:

Guia imperial
Uma bandeja de inox ou plástico que caiba a guia
Pétalas de rosas vermelhas ou brancas (bastante)
Uma vela branca

Modo de fazer:

Em um dia de festa ou gira comum mais ou menos no meio da gira, o médium ou Entidade que for dar o Axé de guia Imperial, deve proceder da seguinte maneira: Enquanto a gira segue normal, prepare o material.

Coloque a Guia Imperial em cima da bandeja e algumas pétalas de rosas por cima, acenda a vela e prenda colando a parte de baixo ao lado da guia em cima da bandeja.

Coloque o restante das pétalas em uma vasilha e vá até o local onde está sendo realizada a gira e distribua nas mãos de algumas pessoas e Entidades

presentes, para que na hora indicada joguem por cima da Pomba-Gira que está recebendo o Axé de guia Imperial. Volte e pegue a bandeja com a guia, peça agô (licença) a todos os presentes e mande a Pomba-Gira que irá receber o Axé se ajoelhar de frente para você, ou sua Entidade, se for o caso. Diga algumas palavras bonitas referentes à Pomba-Gira e a seu merecimento de estar recebendo o Axé de suas mãos. Peça uma salva de palmas enquanto você ou sua Entidade coloca a guia no pescoço da mesma. Na sequência, puxe (cante) o ponto a seguir enquanto você levanta a Pomba-Gira e a abrace.

Ela deve dançar esse ponto cantado enquanto as pessoas e as Entidades escolhidas jogam as pétalas de rosas por cima dela.

Essa guia Imperial não foi Deus quem lhe deu; essa guia Imperial não foi Deus quem lhe deu; ela ganhou dos Sete Exus; foi o (a) (dizer o nome da entidade que está dando o axé) quem lhe deu; ela ganhou dos Sete Exus; foi o (a) (dizer o nome da entidade que está dando o axé) quem lhe deu.

Após o término do ponto, a Pomba-Gira que recebeu o Axé pode dizer algumas palavras em agradecimento referente ao Axé recebido. Se preferir, pode simplesmente puxar (cantar) o seu ponto e dançar novamente. Feito isso, as Entidades presentes poderão cumprimentar a Pomba-Gira, e a gira continua normal. E está encerrada a cerimônia de entrega do Axé de guia Imperial.

Obs.: Essa entrega do Axé de guia Imperial é uma entrega básica e simbólica, podendo ser acrescentado algo a mais a seu critério ou a critério de sua Entidade. A partir desse ritual de Axé de guia Imperial, a Entidade está liberada para usar a guia Imperial em qualquer lugar que vier a incorporar a sua matéria. Quanto à vela, após o ritual, deve ir para o Assentamento (Ponto de Força).

Presente

Se você não possui um terreiro e não frequenta um, trabalha em sua casa, sozinho ou acompanhado de médiuns ou não e, por acaso, a sua Pomba-Gira ganhar uma guia imperial de presente de alguma pessoa por agradecimento de algum objetivo alcançado com a ajuda da mesma. Ou até mesmo por agrado de alguém. Ou, caso você resolva dar uma guia de presente à sua Pomba-Gira e quiser fazer um ritual de entrega para que ela receba o mesmo. A sua Pomba-Gira deverá recebê-lo da seguinte forma:

Material necessário:

Guia Imperial
Uma bandeja de inox ou plástico que caiba a Guia
Pétalas de rosas vermelhas ou brancas (bastante)
Uma vela branca

Modo de fazer:

Coloque a guia Imperial em cima da bandeja e algumas pétalas de rosas por cima. Prenda a vela, colando a parte de baixo ao lado da guia, em cima da bandeja. Coloque o restante das pétalas em uma vasilha e dê às pessoas presentes, se for o caso, isso para que joguem em cima da Pomba-Gira na hora da entrega do presente.

Reserve tudo em algum lugar, até o momento de ser entregue pela pessoa à Pomba-Gira. Após tudo organizado, você deve incorporar sua Pomba-Gira para que seja feita a entrega da guia Imperial pela pessoa que está presenteando a Pomba-Gira. Isso tudo deve ser feito da seguinte forma:

Depois de você já ter incorporado a sua Pomba-Gira, a pessoa que está presenteando deve pegar a bandeja com a vela, guia Imperial e pétalas devidamente arrumadas e acender a vela e dirigir-se à Pomba-Gira ajoelhando-se na frente da mesma e oferecendo a bandeja com o presente. Após, a Pomba-Gira deve pegar a bandeja com o presente e mostrar às pessoas presentes, se for o caso, que também poderão jogar pétalas de rosas por cima da Pomba-Gira e baterem palmas. Seguindo em frente, a Pomba-Gira deve colocar a guia Imperial no pescoço e levantar a pessoa que está ajoelhada. Com certeza, ela dirá algumas palavras em agradecimento à pessoa que está lhe presenteando, agradecendo também às pessoas presentes, pela colaboração.

Feito isso, a Pomba-Gira deve puxar (cantar), o ponto a seguir, seguido do seu próprio ponto, dançando e finalizando a cerimônia de entrega do presente.

Se eu ganhei essa guia Imperial é porque eu sou Pomba-Gira; se eu ganhei essa guia Imperial é porque eu sou Pomba-Gira; eu recebo e agradeço: muito obrigado na linha da Pomba-Gira. Eu recebo e agradeço: muito obrigado na linha da Pomba-Gira.

Obs.: Essa entrega da guia como presente é uma entrega básica e simbólica, podendo ser acrescentado algo a mais a seu critério ou a critério de sua Entidade. Quanto à vela, após o ritual, deve ir para o Assentamento (Ponto de Força) ou para uma encruzilhada, caso não tenha assentamento.

Axé de Calçado

Material necessário:

Um par de calçado
Uma bandeja de inox ou plástico que caiba o par de calçado
Pétalas de rosas vermelhas ou brancas (bastante)
Uma vela branca

Modo de fazer:

Em um dia de festa ou gira comum mais ou menos no meio da gira, o médium ou Entidade que for dar o Axé de calçado, deve proceder da seguinte maneira: Enquanto à gira segue normal, prepare o material.

Coloque o par de calçado em cima da bandeja e algumas pétalas de rosas por cima, acenda a vela e prenda colando a parte de baixo ao lado do par de calçado em cima da bandeja.

Coloque o restante das pétalas em uma vasilha e vá até o local onde está sendo realizada a gira e distribua nas mãos de algumas pessoas e Entidades

presentes, para que na hora indicada joguem por cima da Pomba-Gira que está recebendo o Axé. Volte e pegue a bandeja com o par de calçado, peça agô (licença) a todos os presentes e mande a Pomba-Gira que irá receber o Axé se ajoelhar de frente para você, ou sua Entidade, se for o caso. Diga algumas palavras bonitas referentes à Pomba-Gira e a seu merecimento de estar recebendo o Axé de suas mãos. Peça uma salva de palmas enquanto você ou sua Entidade com a ajuda de alguém coloca o calçado na mesma, (podendo se preferir usar uma cadeira para sentar a entidade). Na sequência, puxe (cante) o ponto a seguir e abrace a Pomba-Gira em forma de cumprimento.

Ela deverá dançar esse ponto cantado já com o calçado enquanto as pessoas e as Entidades escolhidas jogam as pétalas de rosas por cima dela.

Esse par de calçado não foi Deus quem lhe deu; esse par de calçado não foi Deus quem lhe deu; ela ganhou dos Sete Exus; foi o (a) (dizer o nome da entidade que está dando o axé) quem lhe deu; ela ganhou dos Sete Exus; foi o (a) (dizer o nome da entidade que está dando o axé) quem lhe deu.

Após o término do ponto, a Pomba-Gira que recebeu o Axé pode dizer algumas palavras agradecendo. Se preferir, pode simplesmente puxar (cantar) o seu ponto e dançar novamente. Feito isso, as Entidades presentes poderão cumprimentar a Pomba-Gira, e a gira continua normal. E está encerrada a cerimônia de entrega do Axé de calçado.

Obs.: Essa entrega do Axé de calçado é uma entrega básica e simbólica, podendo ser acrescentado algo a mais á seu critério ou a critério de sua Entidade. A partir desse ritual, a Entidade está liberada para usar o calçado em qualquer lugar que vier a incorporar a sua matéria, desde que nesse lugar seja liberado às Entidades que possuem Axé de Calçado usá-los. Quanto à vela, após o ritual, deverá ir para o Assentamento (Ponto de Força).

Presente

Se você não possui um terreiro e não frequenta um, trabalha em sua casa, sozinho ou acompanhado de médiuns ou não e, por acaso, a sua Pomba-Gira ganhar um par de calçado de presente de alguma pessoa por agradecimento de algum objetivo alcançado com a ajuda da mesma. Ou até mesmo por agrado de alguém. Ou, caso você resolva dar um par de calçado de presente à sua Pomba-Gira e quiser fazer um ritual de entrega para que ela receba o mesmo. A sua Pomba-Gira deverá recebê-lo da seguinte forma:

Material necessário:

Um par de calçado
Uma bandeja de inox ou plástico que caiba o calçado
Pétalas de rosas vermelhas ou brancas (bastante)
Uma vela branca.

Modo de fazer:

Coloque o par de calçado em cima da bandeja e algumas pétalas de rosas por cima. Prenda a vela, colando a parte de baixo ao lado do par de calçado, em cima da bandeja. Coloque o restante das pétalas em uma vasilha e dê às pessoas presentes, se for o caso, isso para que joguem em cima da Pomba-Gira na hora da entrega do presente.

Reserve tudo em algum lugar, até o momento de ser entregue pela pessoa à Pomba-Gira. Após tudo organizado, você deve incorporar sua Pomba-Gira para que seja feita a entrega do par de calçado pela pessoa que está presenteando a Pomba-Gira. Isso tudo deve ser feito da seguinte forma:

Depois de você já ter incorporado a sua Pomba-Gira, a pessoa que está presenteando deve pegar a bandeja com a vela, par de calçado e pétalas devidamente arrumadas e acender a vela e dirigir-se à Pomba-Gira ajoelhando-se na frente da mesma e oferecendo a bandeja com o presente. Após, a Pomba-Gira deve pegar a bandeja com o presente e mostrar às pessoas presentes, se for o caso, que também poderão jogar pétalas de rosas por cima da Pomba-Gira e baterem palmas. Seguindo em frente, a Pomba-Gira deve sentar numa cadeira e com a ajuda de alguém calçar o par de calçado e levantar a pessoa que está ajoelhada. Com certeza, ela dirá algumas palavras em agradecimento à pessoa que está lhe presenteando, agradecendo também às pessoas presentes, pela colaboração no ritual.

Feito isso, a Pomba-Gira deve puxar (cantar), o ponto a seguir, seguido do seu próprio ponto, dançando e finalizando a cerimônia de entrega do presente.

Se eu ganhei esse par de calçado é porque eu sou Pomba-Gira; se eu ganhei esse par de calçado é porque eu sou Pomba-Gira; eu recebo e agradeço: muito obrigado na linha da Pomba-Gira. Eu recebo e agradeço: muito obrigado na linha da Pomba-Gira.

Obs.: Essa entrega do calçado como presente é uma entrega básica e simbólica, podendo ser acrescentado algo a mais a seu critério ou a critério de sua Entidade. Quanto à vela, após o ritual, deve ir para o Assentamento (Ponto de Força) ou para uma encruzilhada, caso não tenha assentamento.

Axé de Cadeira

Material necessário:

Uma cadeira
Pétalas de rosas vermelhas ou brancas (bastante)

Modo de fazer:

Esse é um dos Axés mais simples e fácil de ser dado a uma Entidade. Em um dia de festa ou gira comum em um determinado momento mais ou menos no meio da gira, o médium ou Entidade que for dar o Axé de Cadeira, deve proceder da seguinte maneira.

Enquanto a gira segue normal, vá a outra peça da casa e prepare uma vasilha com as Pétalas de Rosas dentro. Leve até o local onde está sendo realizada a Gira ou Festa e distribua nas mãos de algumas pessoas e Entidades presentes para que na hora indicada joguem por cima da Pomba-Gira que está recebendo o Axé de Cadeira.

Volte e pegue a Cadeira que já deve estar separada peça agô (licença) a todos os presentes e coloque a Cadeira em um dos lados do recinto próximo à parede, de frente para as pessoas e Entidades presentes, mande a Pomba-Gira que irá receber o Axé de Cadeira se ajoelhar de frente para você ou sua Entidade, se for o caso. Diga algumas palavras bonitas referentes à Pomba-Gira e a seu merecimento de estar recebendo o Axé de Cadeira de suas mãos.

Peça uma salva de palma para a mesma na sequência e puxe (cante) o ponto a seguir enquanto levanta a Entidade. Abrace-a em forma de cumprimento. Após, ela deve sentar na cadeira e ali permanecer enquanto as pessoas e as Entidades escolhidas jogam as pétalas de rosas por cima dela. É importante esperar o término do ponto cantado.

Essa cadeira não foi Deus quem lhe deu; essa cadeira não foi Deus quem lhe deu; ela ganhou dos Sete Exus; foi o (a) (dizer o nome da entidade que está dando o axé) quem lhe deu; ela ganhou dos Sete Exus; foi o (a) (dizer o nome da entidade que está dando o axé) quem lhe deu.

Após o término do ponto, a Pomba-Gira que recebeu o Axé de Cadeira deve levantar e dizer algumas palavras em agradecimento ao Axé recebido. Se preferir, pode simplesmente puxar (cantar) o seu ponto e sentar novamente para receber os cumprimentos. Feito isso, as Entidades presentes poderão agora cumprimentar a Pomba-Gira que deve estar sentada na Cadeira; a gira continua normal. Estando assim encerrada a cerimônia de entrega do Axé de Cadeira.

Obs.: Essa entrega do Axé de Cadeira é uma entrega básica e simbólica, podendo ser acrescentado algo a mais a seu critério ou a critério de sua Entidade, que só virá a abrilhantar ainda mais a entrega. A partir desse ritual de Axé de Cadeira, a Pomba-Gira está liberada para sentar-se em qualquer lugar que vier a incorporar a sua matéria.

Não esqueça: a Cadeira usada no ritual deve ser uma cadeira bonita (podendo ser de uso de casa). Se preferir, pode ser enfeitada nas cores da Pomba-Gira.

Presente

Se você não possui um terreiro e não frequenta um, trabalha em sua casa, sozinho ou acompanhado de médiuns ou não e, por acaso, a sua Pomba-Gira ganhar uma cadeira de presente de alguma pessoa por agradecimento de algum objetivo alcançado com a ajuda da mesma. Ou até mesmo por agrado de alguém Ou, caso você resolva dar uma cadeira de presente à sua Pomba-Gira e quiser fazer um ritual de entrega para que ela receba o mesmo. A sua Pomba-Gira deverá recebê-lo da seguinte forma:

Material necessário:

Cadeira
Pétalas de rosas vermelhas ou brancas (bastante)

Modo de fazer:

Antes de você incorporar sua Pomba-Gira, deixe tudo arrumado: a cadeira, as Pétalas de Rosas, colocando-as em uma vasilha que pode ser distribuída a algumas pessoas presentes, se for o caso, para que jogue em cima da Pomba-Gira na hora da entrega do presente.

Reserve tudo em algum lugar até o momento de ser entregue pela pessoa à Pomba-Gira.

Após tudo organizado, você deve incorporar sua Pomba-Gira para que seja feita a entrega da Cadeira pela pessoa que esta a presenteando.

Isso tudo deve ser feito da seguinte forma: depois de você já ter incorporado a sua Entidade, a pessoa que está presenteando deve pegar a Cadeira e dirigir-se à Pomba-Gira ajoelhando-se na frente da mesma e oferecendo-lhe a Cadeira de presente.

Após, a Pomba-Gira deve pegar o presente e mostrar às pessoas presentes, se for o caso, que também poderão jogar pétalas de rosas por cima da Pomba-Gira e baterem palmas. Seguindo em frente, a Pomba-Gira deve levantar a pessoa que está ajoelhada e, com certeza, ela dirá algumas palavras em agradecimento à pessoa que está lhe presenteando, agradecendo também às pessoas presentes, se for o caso, pela colaboração de ajudarem nesse ritual.

Feito isso, a Pomba Gira deve sentar na Cadeira, puxar (cantar) o ponto a seguir, seguido do seu próprio ponto, finalizando assim a cerimônia de entrega do presente.

Se eu ganhei essa cadeira é porque eu sou Pomba-Gira; se eu ganhei essa cadeira é porque eu sou Pomba-Gira; eu recebo e agradeço: muito obrigado na linha da Pomba-Gira. Eu recebo e agradeço: muito obrigado na linha da Pomba-Gira.

Obs.: Essa entrega da cadeira como presente é uma entrega básica e simbólica, podendo ser acrescentado algo a mais a seu critério ou a critério de sua Entidade, que só virá a abrilhantar ainda mais a entrega do presente.

Axé de Faca

Material necessário:

Faca (a mesma que já foi consagrada à Entidade que receberá o Axé)
Uma bandeja de inox ou plástico que caiba a faca
Pétalas de rosas vermelhas ou brancas (bastante)
Uma vela branca

Modo de fazer:

Em um dia de festa ou gira comum mais ou menos no meio da gira, o médium ou Entidade que for dar o Axé de faca, deve proceder da seguinte maneira: Enquanto a gira segue normal, prepare o material.

Coloque a faca em cima da bandeja e algumas pétalas de rosas por cima, acenda a vela e prenda colando a parte de baixo ao lado da faca em cima da bandeja.

Coloque o restante das pétalas em uma vasilha e vá até o local onde está sendo realizada a gira e distribua nas mãos de algumas pessoas e Entidades

presentes, para que na hora indicada joguem por cima da Pomba-Gira que está recebendo o Axé. Volte e pegue a bandeja com a faca, peça agô (licença) a todos os presentes e mande a Pomba-Gira que irá receber o Axé se ajoelhar de frente para você, ou sua Entidade, se for o caso. Diga algumas palavras bonitas referentes à Pomba-Gira e a seu merecimento de estar recebendo o Axé de faca de suas mãos e da importância desse axé. Peça uma salva de palmas. Na sequência, puxe (cante) o ponto a seguir enquanto você levanta a Pomba-Gira e a abraça em forma de cumprimento.

Ela deverá dançar esse ponto cantado com a bandeja nas mãos, enquanto as pessoas e as Entidades escolhidas jogam as pétalas de rosas por cima dela.

Essa faca não foi Deus quem lhe deu; essa faca não foi Deus quem lhe deu; ela ganhou dos Sete Exus; foi o (a) (dizer o nome da entidade que está dando o axé) quem lhe deu; ela ganhou dos Sete Exus; foi o (a) (dizer o nome da entidade que está dando o axé) quem lhe deu.

Após o término do ponto, a Pomba-Gira que recebeu o Axé pode dizer algumas palavras em agradecimento referente ao Axé recebido. Se preferir, pode simplesmente puxar (cantar) o seu ponto e dançar novamente. Feito isso, as Entidades presentes poderão cumprimentar a Pomba-Gira, e a gira continua normal. E está encerrada a cerimônia de entrega do Axé de faca.

Obs.: Essa entrega do Axé de Faca é uma entrega básica e simbólica, podendo ser acrescentado algo a mais a seu critério ou a critério de sua Entidade que só virá a abrilhantar ainda mais a entrega e a partir desse ritual à Pomba-Gira está liberada para usar a faca em qualquer lugar que vier a incorporar a sua matéria. Tanto ela como o médium, pois o Axé de Faca (liberação) é para os dois.

Quanto à vela, após o ritual, deve ir para o Assentamento (Ponto de Força) juntamente com a Faca. A Faca usada nessa entrega de Axé deve ser a mesma que foi consagrada à Pomba-Gira, que está no seu assentamento (Ponto de Força).

Presente

Se você não possui um terreiro e não frequenta um, trabalha em sua casa, sozinho ou acompanhado de médiuns ou não e, por acaso, a sua Pomba-Gira ganhar uma faca de presente de alguma pessoa por agradecimento de algum objetivo alcançado com a ajuda da mesma. Ou até mesmo por agrado de alguém. Ou, caso você resolva dar uma faca de presente à sua Pomba-Gira e quiser fazer um ritual de entrega para que ela receba o mesmo. A sua Pomba-Gira deverá recebê-lo da seguinte forma:

Material necessário:

Faca
Uma bandeja de inox ou plástico que caiba a faca
Pétalas de rosas vermelhas ou brancas (bastante)
Uma vela branca

Modo de fazer:

Coloque a faca em cima da bandeja e algumas pétalas de rosas por cima. Prenda a vela, colando a parte de baixo ao lado da faca, em cima da bandeja. Coloque o restante das pétalas em uma vasilha e dê às pessoas presentes, se for o caso, isso para que joguem em cima da Pomba-Gira na hora da entrega do presente.

Reserve tudo em algum lugar, até o momento de ser entregue pela pessoa à Pomba-Gira. Após tudo organizado, você deve incorporar sua Pomba-Gira para que seja feita a entrega da faca pela pessoa que está presenteando a Pomba--Gira. Isso tudo deve ser feito da seguinte forma:

Depois de você já ter incorporado a sua Pomba-Gira, a pessoa que está presenteando deve pegar a bandeja com a vela, faca e pétalas devidamente arrumadas e acender a vela e dirigir-se à Pomba-Gira ajoelhando-se na frente da mesma e oferecendo a bandeja com o presente. Após, a Pomba-Gira deve pegar a bandeja com o presente e mostrar às pessoas presentes se for o caso, que também poderão jogar pétalas de rosas por cima da Pomba-Gira e baterem palmas. Seguindo em frente, a Pomba-Gira deve levantar a pessoa que está ajoelhada. Com certeza, ela dirá algumas palavras em agradecimento à pessoa que está lhe presenteando, agradecendo também às pessoas presentes, pela colaboração.

Feito isso, a Pomba-Gira deve puxar (cantar), o ponto a seguir, seguido do seu próprio ponto, dançando e finalizando a cerimônia de entrega do presente.

Se eu ganhei essa faca é porque eu sou Pomba-Gira; se eu ganhei essa faca é porque eu sou Pomba-Gira; eu recebo e agradeço: muito obrigado na linha da Pomba-Gira. Eu recebo e agradeço: muito obrigado na linha da Pomba-Gira.

Obs.: Essa entrega da faca como presente é uma entrega básica e simbólica, podendo ser acrescentado algo a mais a seu critério ou a critério de sua Entidade. Quanto à vela, após o ritual, deve ir para o Assentamento (Ponto de Força), juntamente com a Faca que depois deve ser lavada (cruzada) e consagrada à Pomba-Gira.

Importante

Quando o presente dado for seu mesmo, você deve dar para alguém entregá-lo à sua Pomba-Gira em seu nome. Qualquer tipo de presente que for dado à sua Pomba-Gira deve ser mostrado aos demais presentes, que devem cantar o ponto a seguir:

Se eu ganhei esse presente é porque eu sou Pomba-Gira; se eu ganhei esse presente é porque eu sou Pomba-Gira. Eu recebo e agradeço: muito obrigado na linha da Pomba-Gira. Eu recebo e agradeço: muito obrigado na linha da Pomba-Gira.

Axé de Tambor

O Axé de tambor significa consagrar o tambor para que o mesmo possa ser usado com mais firmeza e vibração durante uma gira de Umbanda ou de sua linha de esquerda. Na hora de consagrar o tambor, consagramos também o tamboreiro para chamar nossas Entidades, Guias e Protetores.

O tambor, o tamboreiro (a), cambono (a), são três peças muito importantes dentro do ritual de Umbanda. São eles que seguram nossas casas e nossas giras enquanto estamos incorporados com nossas Entidades. Por isso, não devemos nunca nos esquecer de consagrá-los.

Se você já possui um terreiro, com certeza possui um tambor, estando o mesmo lavado (cruzado) e consagrado aos Orixás, Guias e Protetores. Se não tiver feito, faça. Você vai sentir a diferença na vibração e energia do seu terreiro. E se você não possui um terreiro e trabalha em casa, sozinho ou acompanhado de médiuns ou não e comprar, ou até mesmo ganhar um tambor de presente e desejar consagrá-lo aos Orixás, Guias, e Protetores, você deve fazê-lo da seguinte forma:

Ervas que podem se usadas:

Guiné, Orô, Alevante, Ipê, Manjerona, Trevo, Agrião, Caruru, Quebra-Tudo, Bananeira, Quebra-Pedra, Folha de Roma, Folha de Amendoim, Folha da Pimenteira, Folha de Limoeiro, Folha da Amoreira, Folha da Batata Inglesa, Folha de Milho Verde, Folha do Marmelo, Folha da Beterraba, Hortelã, Barba de Milho, Manjericão, Guanxuma, Carqueja, Arnica, Dólar, Fortuna, Dinheirinho, Aroeira, Folha de Mamona Verde, Brinco de Princesa, Arruda-Macho/Fêmea, Cidreira, Cidró, Malva-Cheirosa, Alecrim, Manjericão, Anis, Espada de São Jorge, Espada de Santa Bárbara, Pata de Vaca, Funcho, Beldroega, Quiabo, Laranjeira, Tapete de Oxalá, Pitangueira, Pétalas de Rosas etc.

Material necessário:

Tambor
Um tecido branco que dê para enrolar (cobrir todo) o tambor
Uma vela sete dias branca
Sete, Quatorzes, Vinte e uma, ervas para o Mieró (amaci)

Sete diferentes tipos de bebidas alcoólicas e não alcoólicas

Mel

Perfume

Bacia para o mieró

Modo de fazer:

Segunda ou Sexta-Feira. Evite a lua minguante e colha as ervas pela manhã, bem cedo. Depois de lavadas, coloque em um recipiente adicionando dois ou três litros de água pura (chuva, rio, poço ou mineral sem gás). Após macerar com as mãos, pode ser usada uma pedra áspera para ralar e tirar melhor aproveitamento das ervas. Deixe-as algumas horas em fusão e depois coe com um pano ou tela fina e está pronto o mieró (Amaci).

Se preferir pela fusão em água quente, coloque as ervas lavadas em um recipiente e adicione água quente (nunca fervida), para não queimar os elementos químicos contidos nas ervas. Espere esfriar, macere com as mãos e uma pedra áspera e depois coe com um pano limpo ou tela fina e está pronto o mieró (Amaci). Acrescente um pouco de cada bebida e um pouco de mel e perfume e está pronto. Seguindo em frente, leve para o local onde será feito o cruzamento, o recipiente com o mieró.

Acenda a vela e faça uma chamada a todos os Orixás, Guias e Protetores. Estenda o tecido no chão e coloque o tambor em cima e comece a banhá-lo com a ajuda de um pedaço de pano branco umedecido no mieró. Passe no tambor até umedecê-lo totalmente.

Você pode lavar as mãos do tamboreiro que for usar o tambor, se for o caso, e o chocalho, se você tiver. Repita a chamada, a lavagem do tambor, das mãos da pessoa durante três dias consecutivos, deixando após a lavagem, o tambor coberto com o tecido branco durante os três dias de cruzamento, sem poder tocá-lo. Peça à pessoa que você lavou as mãos, se for o caso, se cuidar o máximo possível durante esses três dias, ficando, principalmente, sem sexo, sem bebida alcoolica, sem ir ao cemitério etc. Despache o mieró no pátio (terreno). Está encerrado o ritual de Axé de tambor com ervas.

Obs.: O Tambor cruzado (consagrado), com ervas serve para tocar qualquer tipo de gira dentro da Umbanda e sua linha de esquerda, porém o tambor cruzado com Axorô, Menga (sangue), na linha de esquerda, só poderá tocar gira na linha de esquerda, e nunca na Umbanda.

Se você optar por cruzar o seu tambor na linha de esquerda, com Axorô, o processo de cruzamento é o mesmo de ervas, porém você terá que esperar um dia de corte para seu Exu ou Pomba-Gira e assim fazer o cruzamento. No momento do corte, você deve estar com o mieró pronto para que seja colocado (misturado) um pouco de Axorô, Menga (sangue), no mieró. Depois disso, você começará os três dias de cruzamento (consagração) do tambor, seguindo tudo igual, sem poder tocar o tambor.

Não esqueça: se você optar por este último cruzamento com Axorô, você terá que ter dois tambores – um para tocar na Umbanda, e outro para sua linha de esquerda. Não se mistura as energias da esquerda com a da direita. Ou vice e versa.

Obs.: Quero novamente lembrar que qualquer Entidade seja Exu ou Pomba--Gira para receber esses Axés com certeza tem que estar bem firme, o médium e a Entidade e principalmente que o Exu ou Pomba-Gira já tenha falado seu nome, cantado e riscado seu ponto.

Gostaria também de dizer que esses Axés são simples aqui na Terra, porém são de muita Força e Fundamento no Astral. Fazendo uso deles, você não só estará ajudando a manter a ordem na Religião, como também estará codificando uma Doutrina na sua casa e nas casas futuras que se originarem da sua e assim sucessivamente.

Portanto, meus irmãos, vamo nos respeitar, nos unir, nos ajudar, trocarmos ideias uns com os outros, trabalharmos juntos para que nossos seguidores sigam o nosso exemplo, e a nossa Religião cresça a cada dia mais com bastante firmeza e sem invencionices.

Mediunidade

Vou falar um pouco sobre a mediunidade, transe, que é á base de tudo que está escrito aqui. Sem mediunidade não há Entidade, sem Entidade não há Axé a ser dado. Um bom desenvolvimento da mediunidade é a parte mais essencial e principal do médium. É a partir desse ponto que o médium terá ou não êxito em tudo que fizer durante sua vida.

A importância desses Axés durante a sua trajetória religiosa, é fundamental. Como é sabido por todos, as pessoas antigas na Umbanda são as mais sábias dentro da religião e até mesmo na sociedade, por quê? Porque detinham o conhecimento, o poder e, sem dúvida alguma, sabiam usar, usufruir, praticar, ensinar, fazer e mostrar às pessoas. Prova disso eram seus filhos de Axé que sempre se davam bem na vida. Eram bem feitos e bem desenvolvidos, com todos os Axés e cerimônias umbandistas exigidas dentro do ritual, que hoje pouco se vê falar e praticar dentro dos terreiros de Umbanda.

E dentre esses Axés citados nessa obra, outras várias cerimônias que não foram citadas se encontram bastante esquecidas e que fazem parte da Umbanda e sua Linha de Esquerda. E que também tem a função de ajudar na boa formação do médium e de sua mediunidade.

Então mediunidade não é só tela, tem que praticá-la, doutriná-la, aprimorá-la, lapidá-la, estudá-la e procurar assentá-la na cabeça para que se tenha bastante segurança e firmeza durante a vida.

Muitas das pessoas que procuram os terreiros de Umbanda, em busca de conforto, alívio, dores e soluções de seus problemas, são consideradas como portadoras de um alto grau de mediunidade. Essas mesmas pessoas muitas vezes até conseguem uma ajuda provisória que lhes acalma a alma e alivia os seus tormentos físicos. Essas são alertadas pelos Caboclos, Pretos-Velhos ou Exus das suas faculdades mediúnicas e da sua necessidade de desenvolvimento para que encontre a solução dos seus problemas e preocupações do dia a dia.

A mediunidade é um dom que a pessoa pede antes de encarnar, e as Entidades concedem com a finalidade de oferecer uma nova oportunidade para a pessoa trabalhar em benefícios daqueles irmãos mais necessitados. Ou até mesmo a quem já tenha prejudicado em vidas passadas. Muitas vezes esquecidas desse dom que vem de berço, não procuram desenvolvê-lo e com isso acabam sendo levadas pela dor a dirigir-se aos terreiros de Umbanda ou candomblé, onde será lembrado o compromisso assumido antes mesmo de nascer.

Há duas espécies de incorporação ou transe: o mediúnico e o hipnótico. No mediúnico, há realmente uma Entidade que assiste o médium, e toma posse do mesmo. No hipnótico, é o próprio espírito do médium quem age.

Às vezes é muito difícil distinguir os dois transes. Por ser o hipnótico tão bem mistificado, somente os que têm bastante conhecimento no ritual, ou a presença de um médium vidente, podem notar o engano. Nos dois tipos de transe, dá pra notar a mudança de personalidade.

O médium muda seus hábitos, modo de ser, de falar e, às vezes, até de andar. No entanto, se o próprio espírito da pessoa hipnotizada for de grande conhecimento e cultura, pode conseguir resultados satisfatórios, como se emanados de uma Entidade.

A verdadeira mediunidade não é exclusiva de algumas pessoas ou religiões. Ela tanto pode se manifestar em espíritas, espiritualista, católicos, evangélicos, ateus, em sábios ou ignorantes, pobres, ricos, brancos ou pretos. Dependendo do grau que se encontra essa mediunidade, pode ser latente, semi--desenvolvida ou desenvolvida.

Latente é aquelas que não desenvolverão nessa existência. A semi--desenvolvida, é aquela que se pode comparar a um botão de rosas pronto a desabrochar. A desenvolvida é aquela que já se encontra pronta, segura, firme para prestar a caridade.

Existem vários tipos de mediunidade: a vidente (que vê espíritos e entidades), clarividente (vê acontecimentos futuros), auditiva (ouve espíritos e entidades), de materializações (faz aparecer espíritos e entidades), curadora (cura enfermidades), de psicografia (escreve mensagens de espíritos e entidades), de incorporação (o espírito ou a entidade toma posse do corpo do médium) etc.

São divididas em três categorias: a consciente, semi-consciente e inconsciente. O médium consciente sabe o que está fazendo, porém não é ele quem o faz. O médium semi-consciente tem algum conhecimento do que faz, mas não totalmente e, às vezes, pode ou não impedi-lo. O médium inconsciente não sabe o que faz, nem se recorda de tudo o que fez, pois fica em estado de adormecido sem noção de nada até mesmo do tempo.

De todos os tipos de mediunidades, a mais utilizada nos terreiros de Umbanda e candomblé é a de incorporação inconsciente.

Não confunda mediunidade com obsessão ou possessão, mesmo que nesses dois casos haja sempre um espírito que atua na pessoa. A mediunidade é calma, tranquila, benéfica e espontânea, ao contrário da obsessão e possessão, onde o espírito obsessor ou possessor é atrevido e perturbador, bastando nesse caso á doutrinação e afastamento do mesmo.

Um médium teimoso em não desenvolver a sua mediunidade pode ser alvo da perseguição de espíritos obsessor ou possessor. Sendo o médium uma antena que atrai espíritos pela sua áurea aberta, pode atrair um espírito sofredor, mal-intencionado ou ingênuo, que por sua vez entre na sua sintonia ou frequência vibratória fazendo com que esse espírito se sinta bem ao seu lado, não mais querendo abandoná-lo, influenciando sua mente a todos os tipos de males possíveis.

Por isso, devemos ter a mediunidade limpa e segura, para que a mesma possa nos livrar de futuros transtornos na vida material e espiritual.

Para a mediunidade, Deus somos nós. Basta apenas encontrá-la em nós.

Transe

Este texto sobre o transe foi baseado e extraído partes da Obra Estudos de Batuque de Carlos Galvão Krebs, Instituto Gaúcho de Tradição e Folclore, Ed. 1988 centenário da abolição, com algumas modificações. Contém também opiniões do autor e de outros escritores.

O transe, também dito baixa de santo, queda de santo, incorporação, ocupado com a entidade, manifestação de entidade, se constitui no fato nuclear mais dramático e espetacular das religiões designadas hoje como afro-brasileiras. Para conceituá-lo e descrevê-lo rápida e seguramente, o melhor mesmo é transcrever os grandes pesquisadores nacionais e estrangeiros que muito estudaram o assunto, assim como nossos próprios registros realizados em diferentes regiões do país.

Em face desta postura, é necessário e de justiça, principiarmos pelo começo: Raimundo Nina Rodrigues, o médico maranhense que se fez cientista estudando os negros da Bahia já em fins do século passado, foi o primeiro brasileiro a tomar o nosso negro como objeto de ciência. Descontando o desvio enganoso da escola que pertenceu (terá formado junto aos evolucionistas unilineares, preponderantes intelectualmente na segunda metade do século XIX), sua obra documental sobre o candomblé baiano é irretocável até os dias correntes. Mais: contém virtualmente em seu bojo tudo o que nós outros, discípulos seus ou não, mas sempre sucessores, vimos fazendo nos tempos atuais.

Apenas burilamos, estendemos, corrigindo aqui ou ali, ou aprofundamos o seu legado, sobre tudo, por termos tido como pedra angular nestes estudos.

Assim consignou Nina Rodrigues no último lustro do século passado:

"A pessoa em quem a entidade incorpora, se manifesta, que esta ou cai no santo dentro de um terreiro, não tem mais consciência dos seus atos, não sabe o que diz, nem o que faz, porque quem fala e obra é a entidade que dele se apoderou. Por este motivo, desde que a entidade se manifesta o médium que é dela portador, perde a sua personalidade terrestre e humana para adquirir, com todas as honras a que tem direito, a da entidade que nele se revela".

Adiante:

"A manifestação da incorporação da entidade varia de grau, ou intensidade. Desde o delírio furioso e prolongado, desde perturbações delirantes de forma de possessão mais ou menos incoerente, mais ou menos sistematizada, desde o verdadeiro estado de transe sob a forma clássica de oráculos, essas manifestações podem ir até ligeiros acidentes de ataques histéricos, ou mesmo a simples excitação ou atordoamento passageiro provocado pela fadiga e em particular pela dança".

Leiamos Arthur Ramos, seguindo tanto quanto possível a ordem cronológica das publicações aqui arroladas:

"o estado de transe nada mais é do que a crença na manifestação de uma entidade numa pessoa".

René Ribeiro:

"Alguns iniciados... começam a ficar com os olhar parado, a face imóvel, os ombros sacudidos, por abalos intermitentes, terminando por saltarem para o meio do salão, dançando freneticamente em estado de incorporação".

Pierre Verger em entrevista a Gilberto Gil: (dvd um mensageiro entre dois mundos)

"Para mim não é incorporação. Para mim é uma manifestação da verdadeira natureza da gente, uma possibilidade de esquecer todas as coisas... que não tem nada a ver com você. Fica a pessoa como era antes de aprender essa "estupidez"... de nacionalidade e outros comportamentos". E você já teve esse esquecimento do Orixá? "Infelizmente não, porque sou um idiota de francês racionalista".

O estrangeiro, Donald Pierson, numa rápida alusão:

"Esta visitação é conhecida como estado de santo"...

Melville J. Herkovits, outro estrangeiro:

"O transe pelas entidades é um fenômeno que, desde os dias de Nina Rodrigues, sempre prende a atenção dos que estudaram o culto. Natural, pois que se tenha feito diversas tentativas para explicá-lo. Do ponto de vista do próprio culto, é simples a explicação e tem sido bastante repetida. Acredita o crente que a entidade apodera-se de seu adorador, descendo em sua cabeça, considerada assento da divindade, e com isso o substitui enquanto durar"... "Durante o estado de transe, ele é o santo, e como tal pode profetizar e fazer denúncia dos perigos que ameaçam em virtude de mágica hostil. Tomará certas atitudes rituais, tremores, a execução das danças em acordo com sua natureza; cumprimentará os que tiverem incorporados com outras entidades e abençoará expectadores de sua escolha; poderá emitir suas ordens, que se estendem da entoação de de-terminados cânticos á insistência para que lhe ofereçam certas oferendas".

Édison Carneiro, um dos grandes conhecedores do assunto no País, assim descreve a filha de santo ao cair no transe:

"Sentirá estremeções pelo corpo, começará a ter tonteiras, perderá o equilíbrio, andará como bêbada, de um lado para o outro à procura de apoio e, vencida pela entidade, adquirirá outra fisionomia e recobrará os sentidos: de olhos fechados... começará a dançar, talvez a falar e praticamente, a orientar a festa, que desde então se dirige somente a ela, ao menos por certo tempo. Possuída pela entidade, a filha pode recusar-se a dançar qualquer cantiga; pode tomar nos braços crianças doentes e curá-las atirando-as para o ar ou soprando-lhes na barriga e nos ouvidos"...

Cinco anos após o texto dele transcrito, Herkosvits o explicita mais:

"A suprema expressão de sua experiência religiosa, o transe é um estado psicológico em que ocorre um deslocamento da personalidade quando a entidade baixa sobre o médium. Considera-se o indivíduo como a própria divindade. Geralmente produz uma transformação completa da personalidade: a expressão facial, o comportamento motor, a voz, a força física e o caráter de suas manifestações verbais apresentam-se inteiramente diferentes do que são quando se trata da própria pessoa".

Para o autor desta obra:

"O transe nada mais é do que a incorporação de uma determinada entidade ou espírito, que lhe foi designado pelo astral, antes mesmo da pessoa nascer para vida terrena, para que lhe acompanhe desde o início de sua vida até os últimos dias, podendo se necessário for após o amadurecimento do médium incorporá-lo para ajudá-lo nas horas de provações, angústia e aflições, tanto do médium quanto de pessoas ligadas aos mesmos nessa vida ou em vida anterior, cumprindo assim juntos suas missões materiais e espirituais".

Abaixo, parte do que Carlos Galvão Krebs viu e registrou em algumas regiões do Brasil referente ao transe. Começando pela Bahia, o primeiro é referente ao candomblé do Engenho Velho, aquele apontado como o mais antigo do Brasil. As filhas de santo já estão dançando ritualmente na roda, ao som dos atabaques e das rezas cantadas em jeje-nagô:

"Durante muito tempo vimos uma mesma coisa, até que se fez a propiciação dos santos. É um dos momentos culminantes. Os atabaques se aceleram. Tudo ganha velocidade e energia. De repente, uns aqui outros lá, vários filhos torcem a cabeça, levam a mão a nuca, apertam as orelhas, passam a tremer incontrolavelmente perdendo a consciência. É o transe: o santo acaba de baixar. Daí por diante passam (as filhas de santo) a serem autômatos, cavalos de seu santo. Ignoram tudo até o final da festa".

No candomblé de Joãozinho da gomeia, o mais heterodoxo e frouxo dos candomblés salvadorenhos aquela época:

"Tudo se processou normalmente como já conhecíamos (da visita ao Engenho Velho). Joãozinho, de chinelos, calça de linho branco e camisa de seda listrada, dirigia a festa. Atabaques, agogôs, e danças... Houve vários momentos excepcionais para mim. Dançavam umas dez filhas de santo, quando se fez a propiciação. Nada menos de sete caíram no santo! Nisto, uma assistente, também tomada, se joga para dentro do terreiro alucinada. Vem cair aos pés de Joãozinho, que cumpre o ritual: cobre-a com um pano da costa e manda retirá-la. De repente, há um reboliço em outro ponto das arquibancadas. Mais uma assistente se atira de lá de cima para baixo, tomada, com uma criança que dormia em seus braços (são comuns crianças dormindo assim nos candomblés).

Tudo isso nos excitava de maneira violentíssima. A tensão nervosa crescia assustadora. O barracão inteiro estava de pé, suspenso pelas cenas que se desenrolavam. No que eu me sentara de trás de mim se levanta um rapaz com camisa de jérsei alaranjada. Quer correr para fora do barracão, mas a fralda da camisa se prendeu no encosto da minha cadeira. Desprende-se com esforço e sai precipitadamente. Mas passa bem pela frente de Joãozinho que, com uma rapidez e elegância admiráveis, agarra-o com uma gravata. O rapaz, de costa para mim (era filho de outro terreiro, soube-o depois), estremece todo. Joãozinho lhe tira delicada e seguramente, com um leve sorriso de suficiência nos lábios, a pulseira do relógio, a corrente do pescoço. O pobre estrebucha, estrebucha, é o termo! Voltando para meu lado o rosto marcado por um rictus tremendo. Uma filha de santo lhe desata os sapatos deixando-o descalço. Joãozinho o larga docemente no meio das filhas que dançam ao som dos atabaques batendo sempre. E o rapaz, trêmulo, inconsciente, olhos semicerrados, entra na dança com passo, ritmo e gestos acertados... Foram momentos de terror, pânico para muitos assistentes de primeira viagem.".

Vamos à macumba do Rio de Janeiro. Antes é necessário fazermos uma observação indispensável. A época do registro (1952), o termo macumba ainda não tivera o seu significado cada vez mais restrito para designar quimbanda, tendendo para o culto predominante dos Exus hoje também chamado Linha de Esquerda:

"Na sala ritual tudo se modifica: baixaram os Pretos Velhos, Pai Fulano, Mãe Beltrana, Tio Sicrano, em seus cavalos. Há palmas, risadas e cantos. Os que não estão em transe olham de lado. Da copa trazem para os guias charutos acesos, cachaça com arruda, cachaça misturada com alho moído. De outra casa e que lá estava de visita, negra alta, me havia chamado a atenção pela nobreza do porte e elegância dos gestos durante a dança. Com sua saia rodada e o torço brancos, figura digna de um minueto rococó. Agora, tomada pela entidade, cabeleira desgrenhada, boca sem dente escancarada em gargalhadas, gingando sem equilíbrio de um lado para o outro, charuto na mão, olhar esgazeado, era irreconhecível. A figurinha de Sévres se transformara numa impressiva máscara africana. As quais se chegavam humildes, submissos, os crentes sofredores, pedindo remédio para seus males. E a entidade defuma (tem o charuto na mão) o crente, o limpa, dá-lhe conselhos e indica mesinhas e magias convenientes. Batem os tambores, continua o cântico, as palmas e a dança. As entidades não param de beber marafa, de rir, de gingar, de fumar, de cantar, de bater palma, de abençoar e de curar a todos os presentes".

Descemos agora ao extremo sul do país, a Porto Alegre precisamente, para darmos nossos registros pessoais de alguns transes presenciados:

"Depois de vários descansos (entre uma reza e outra), em que algumas filhas não possuídas limpam o suor do rosto de outras que estão no transe, chega (à sala de dança ritual) um negro Hercúleo, bem preto. Entra e faz as saudações do ritual ao pegi, a Mãe Andreza, aos tambores. E fica do lado de fora da roda (de dança), cantando (as rezas). Uma das filhas de santo, ao passar por sua frente, abraça-o. E o abraço se prolonga muito, enlaçados os dois a gingar com o ritmo dos tambores. Parecia um abraço sensual e interminável. Muito depois, quando se desprendem, o preto, com surpresa minha, já está no transe. Entra para a roda e dança. É um espetáculo! Alto, magro, enorme, de bombacha e camisa branca, másculo e levemente teatral, rodopia e salta de maneira inesperada. Nos descansos entre um canto e outro, assobia, bate palmas, ruge, grunhe e esfrega as mãos, palma contra palma, à altura do púbis. Ao ver mãe Andreza se joga no chão. Ela o levanta e se abraçam. Soube depois que a entidade do preto é Ogum. Agora ele apanhou uma criança que estava no colo de uma jovem mulata, sua Mãe, mera assistente. Ogum dança com ela, que choraminga, sentada na palma de sua mão esquerda. A Mãe, seguramente pouco iniciada, tenta arrancá-la das mãos da entidade. As outras companheiras lhe impedem o gesto, enquanto Ogum continua a dançar rodopiando. Coloca a criança sobre o ombro. A mãe segue tudo com os olhos arregalados e súplices. Até que Ogum lhe restitui o filho são e salvo".

Outro:

"De onde estávamos sentados pudemos ver então um dos transes mais autênticos da noite. Era uma mulatinha nova, de uns quatorze anos, que eu já vira no transe na noite anterior, dançando. Agora ela estava parada, assistindo a festa normalmente. De repente, seu corpo todo estremeceu como se tocado por um furacão. Cachinha (outra Mãe de santo) a seu lado, maternalmente a abraçou e tentou acalmá-la. Por momentos pareceu que se acalmaria. Mas novamente o corpo cedeu e ela agitou-se como se suportasse um choque elétrico de alta voltagem. Ela mesma com o corpo tremendo, tentava arrancar os brincos das orelhas. Cachinha e outros lhe tiraram os brincos. Cachinha então a manteve abraçada, enquanto a mulatinha permanecia de olhos fechados, trêmula. Pouco a pouco foi se acalmando, até ficar quieta perto de Cachinha, de olhos fechados, oscilando mansamente de um lado para o outro, sem tomar conhecimento do que se passava a seu redor. Por que não quiseram que o santo a "pegasse" esta noite, se na anterior ela dançara tanto tempo em transe? Não soube responder e não quis perguntar, por discrição".

Mais um registro:

"Todos dançam de pés descalços segundo a tradição, e em fila por um, em grande roda que se movimenta da esquerda para a direita, isto é, em sentido contrário ao dos ponteiros do relógio. A cada reza cantada (dos cânticos sagrados) os crentes respondem, dançando e cantando.

A iluminação ofuscante da sala, o colorido do forro e da vestimenta, o movimento da dança, o tantã dos tambores, tudo se conjuga para oferecer um espetáculo brilhante. Um grito agudo, alguém saiu da fila em transe, rodopiando loucamente, sem equilíbrio, quase esbarrando aqui e ali. Seu rosto se transmuda. Os olhos se cerram. A boca se contrai e os lábios avançam, dando a impressão de um bico. Fica vacilante no meio da roda. É o Santo, o Orixá, a Entidade que lhe baixou a cabeça. Outra filha a atende"...

Para um bom e experiente observador e conhecedor da Religião Africana são distinguíveis, com clareza, a mistificação e o verdadeiro estado de transe. Mesmo assim, em todo o Brasil os chefes de culto dispõem, ou dispunham até bem pouco tempo, de um temível controle do estado de transe. Nina Rodrigues, sem dizer-lhe o nome, o menciona em sua obra que vimos utilizando constantemente:

"...referiu-me, que come brasas, e mechas acesas de algodão embebido em óleo".

É o que se denomina em todo o país ACARÁ, tanto metaforicamente quanto em sentido estricto, uma terrível prova de fogo. Édison Carneiro o abona: o chefe de culto

"...manda a pessoa comer acará. Bocados de algodão embebidos em azeite de dendê em chamas; comer brasas...".

Carlos Galvão Krebs também mostra seus registros pessoais de Porto Alegre, na intenção de documentá-lo no extremo Sul:

"Acará é a prova para ver se verdadeiramente é santo que baixou numa pessoa, se o transe não é mistificação. A prova é feita assim: Do quarto de santo (pegi) se traz um prato com azeite de dendê, tendo nas bordas seis ou doze mechas de algodão torcido e molhado no azeite. As mechas assim embebidas são acendidas e ardem com fogo brabo. Manda-se os tocadores de tambor tocar um alujá (reza especifica de Xangô) bem puxado. Um dos (outros) orixás que baixaram, e que se conhece, dança então com o prato em fogo nas mãos. O santo que se quer experimentar é induzido, ou se apressa, a apanhar uma por uma das doze mechas acesas. Apanha-a, levanta-a no ar, abre a boca e a engole com toda a naturalidade. Se é santo de verdade, se não é mistificação, a pessoa em prova faz tudo sorrindo e dançando, ao som do alujá. SEM QUEIMAR AS MÃOS, NEM A BOCA, NEM A GARGANTA. Caso se queime, está provada a mistificação".

Passamos agora a um dos registros, tão surpreendente como agradável de lembrar sobre o transe e o acará.

No primeiro semestre de 1957 nós dávamos em Porto Alegre um curso aberto sobre as religiões afro-brasileiras. Como sempre, fazemos com nossos alunos nestas circunstâncias, desta vez também os levamos, em visitas didáticas as casas de batuque. Uma das alunas era uma senhora de idade, mulata clara, casada com um homem branco, descendente de alemães.

Vamos ao registro, para transcrição fiel do que ocorreu nessa noite. Será um trecho um pouco longo, mas acreditamos valer apena:

O shiré (ordem de precedência nas rezas para os orixás) continuou com novas quedas de santo. Ao alcançar a vez do dono do trovão e do raio, tocaram o alujá de xangô. De grupo em grupo de alunos e convidados eu explicava que toque era aquele. Nisto, ouço uma voz em surdina me chamando com aflição. Olho e vejo uma de minhas alunas, inconsciente, entrando em estado de transe, já meio caída, de olhos cerrados, sobre uma das convidadas. Apanho-lhe os pulsos, dirijo-me a algumas mulheres da casa pedindo que atendam a aluna, explicando que ela era filha de santo. Eu dizia a verdade. Tratava-se de A.F., mulata clara, com cerca de sessenta anos. Educada e instruída, podendo traduzir o francês para o gasto. Finas de maneiras, bem conservada e casada pela terceira vez. Quando se inscrevera no curso revelara a um dos meus assistentes, e depois a mim próprio, que seus maridos anteriores não gostavam da religião (batuque). Por isso não pode praticá-la como desejava. Mas o atual lhe permitia, o que a induzira a preparar-se para abrir em futuro próximo a sua própria casa (de culto). Daí o ter querido seguir o curso. Falara ser filha de xangô, com certo compromisso com yemanjá. Agora se verifica ser tudo verdade: não resistira à reza do dono de sua cabeça...

A.F. caída em transe, ao eu chamar as mulheres da casa tinha a intenção de pedir-lhes que despachassem logo o seu Xangô. Mas A.F., entre leves esgares e ainda de olhos fechados, fez menção de tirar o casaco que trazia sobre o vestido: sinal inequívoco que seu Xangô queria dançar. Obedecemos. Retiramos-lhe a pulseira do relógio, os óculos, os sapatos rasos. E o Xangô de A.F. rodopiou no meio da sala. Era um Xangô de dignidade magnífica. Enquanto ela dançava, nós ainda não estávamos refeito da surpresa. A matança (sacrifício ritual de animais) continuava. Num momento em que Dona Moça (era em sua casa que nos encontrávamos) a interrompia rapidamente e saia do pegi, o Xangô de A.F. se dirigiu a ela. Tramaram língua em voz baixa. Dona Moça assentiu com a cabeça e se foi para outras dependências da casa.

Voltou com uma toalha branca, que dependurou no pescoço de A.F. vai oferecer-lhe o sangue quente das vitimas, pensei, e a toalha é para proteger o seu vestido. Enquanto se interrompe a matança Dona Moça desaparece de novo, mas o toque (as rezas) continua. Nada de retornar à sala Dona Moça. O Xangô de A.F. dança com a toalha ao pescoço, toalha que planeja às vezes no torvelinho dos rodopios. Param os tambores o Xangô de A.F., impaciente, se dirige por gestos a uma filha da casa. Abre os braços como a perguntar: "como é, vem ou não vem isso?" A filha de santo interrogada lhe segreda algo ao ouvido. O Xangô se aquieta. Tornam a bater os tambores, os Orixás dançam, mas o de A.F. se mantém parado, quieto, esperando. Enfim reaparece Dona Moça, que ganha o pegi com um prato branco de louça e um pequeno rolo de papel azul nas mãos. Daí a momentos volta à sala com o prato já preparado: de suas bordas pendem quatro torcidas de algodão, amareladas pelo azeite de dendê que se vê no fundo do prato. Acará?!

Não resta a menor dúvida: o Xangô de A.F. vai fazer a terrível prova do acará, tão minha conhecida, mas só na bibliografia.

Estranho o fato de apresentarem apenas quatro mechas de algodão. Mas Dona Moça e A.F. não me dão tempo para perguntas. Dona Moça, ante a expectativa geral, prende fogo no azeite e as torcidas refulgem com chamas cambiantes.

Xangô gira qual piorra no centro da sala. Na mão esquerda levanta o prato acima da cabeça. Com a direita apanha uma torcida em chamas. Entre o polegar e o indicador de sua mão o fogo revoluteia no ar. Leva a torcida à boca e a engole flamante. Mais outra mecha. Agora a terceira que se apaga. Xangô ainda pretende reacendê-la tocando com ela o azeite chamejante no fundo do prato. A última foi deglutida, já apagada. Alunos e visitas, todos nós desde o início da cena estávamos de pé, em homenagem a Xangô que nos brindava com a prova. Vitorioso, ele dança agora com o prato vazio na mão, enquanto eu e os filhos da casa gritamos a sua clássica, multissecular saudação ritual: Kaô Kabiecile! Kaô Kabiecile!

Depois, Dona Moça se achega a Xangô. De um pote que traz dá-lhe de comer mel com uma colher: uma, duas, colheradas. O toque continua, como se nada houvesse ocorrido. Xangô dança no centro da sala como qualquer outro Orixá... Então o Xangô de A.F. me falou. Com voz ofegante e simpatia me disse:

– Eu...eu...fiz... o acará... pra tu não... não ter vergonha...

Note-se que minhas relações com A.F. são de mestre para discípulo, no curso que ministro e do qual ela é aluna. Sempre a trato por senhora e dona. Ela me chama sempre de doutor. Mas agora quem falava não era ela, mas o próprio Xangô, divindade que tem direito, obviamente, de tratar-me por tu. E o que me parece de maior importância: dizendo o que dizia, Xangô afirmava: como meu cavalo é sua convidada, sua aluna e caiu no santo, era preciso mostrar a esta gente que o transe não foi mistificação, para que você não passe por trazer aqui reles embaidores da credulidade alheia.

Ao aproximar-me do pegi, assomou à porta Dona Moça. Emboçando um leve sorriso cordial, falou:

– Por essa o senhor não esperava, hein, doutor?

Referia-se ao transe e ao acará de A.F.

– Realmente, respondi, embora a soubesse filha de santo, não imaginava.

E lhe disse quem era A.F.

Dona Moça comentou:

– É... todos os Xangôs comem fogo...

Sobre as quatro mechas de algodão (e não as seis ou doze tradicionais), dona Moça explicou ter sido surpreendida com muito pouco azeite de dendê em casa.

Aproveito para citar um outro registro agradável de lembrar, sobre um verdadeiro transe, foi deixado pelo meu amigo já falecido, Antonio Carlos de Odé, em sua Obra Yemanjá quer falar contigo:

"Manto Sagrado"

"Confiava por demais naqueles Orixás. Nunca lhe faltou trabalho para pôr o pão na mesa e terminar de criar seus barrigudinhos. Era assim que se referia quando falava de seus filhos, isso por si só já era motivo de agradecimento.

Aquele ano fora de muita dificuldade, mas olhando em volta no meio daquele povão, onde reinava a miséria absoluta, só tinha motivos para agradecer aos Orixás a benevolência na proteção de sua família. O corpo cansado pela idade e de delicada compleição física já não tinhas as forças necessárias para o trabalho braçal de descarregar navios no porto, demonstrava os primeiros sinais de fraqueza. Os anos de luta e sacrifício começava a pesar sobre seus ombros. Um homem que nunca conheceu férias entrava ano e saía ano e a rotina continuava a mesma, da casa para o trabalho, do trabalho para casa. A companheira sempre no tanque lavando para fora, espelhava em seu rosto e corpo o mesmo sofrimento e desalento dos desafortunados que o mundo esqueceu. Nem por isso ouvia-se de sua boca uma só lamentação, uma revolta. Aceitava aquela vida com resignação, vida de sacrifícios e lutas no trabalho de criar e educar os filhos.

O Pai de Santo sempre teve com ele e sua família uma dedicação especial. Vendo sua luta, nunca cobrou sua participação, naquela casa era considerado mais do que filho de santo. Sempre fora tratado com carinho e respeito pelos irmãos de Santo que tinham por ele e sua família uma grande estima.

Agora ele estava ali na porta da casa mais uma vez para pedir auxílio, desta vez sentia-se perdido. A doença chegou a sua casa e não havia jeito de sair, seu filho menor não sarava, e não havia remédio ou médico que o curasse. Chegou cedo à casa do Pai de Santo, este precisava muito de sua ajuda.

Neste sábado se realizaria a festa de aniversário de Pai Xangô, Orixá do dono da casa, festa grande, muitos convidados para servir. O trabalho não era brincadeira e a observação nas lidas do Batuque requer muita responsabilidade. Isto, todos sabiam, ele tinha de sobra.

Procurou esquecer seus problemas e meter a mão no trabalho, tinha que preparar o Amalá, o Sarrabulho, o Atã; a canja colocara cedo no fogo.

Coordenou o tempero das carnes para o assador; uma irmã de Santo usava a cozinha para fritar os acarajés, ali não tinha lugar para conversa. Um grupo de crianças enrolava balas e preparava as bandejas, ornamentando cada uma com as cores dos Orixás.

Ainda tinha que preparar os mercadinhos (bandeja com os axés dos Orixás distribuída para as pessoas levarem para casa no final da festa) provavelmente mais de 250, não poderia errar na quantia sob pena de faltar, o Pai de Santo sempre dizia: É preferível sobrar a deixar alguém em falta.

Ali reinava a fartura. Na pequena peça onde os balaios repletos de frutas (banana, laranja, abacaxi, mamão, melancia) aguardavam o momento de serem levados para o salão, ele e os irmãos começaram a fazer as bandejas para o povo.

Bem, está tudo conforme o Pai pediu, agora vou dar uma chegadinha até o barraco para ver como estão as crianças e ver como a negra está se virando com a febre do neném. Pediu licença e saiu correndo. Chegou à vila, e de longe viu na porta do barraco a aglomeração dos vizinhos. Tomou um susto e apressou o passo, antevendo o pior.

Meu Deus! O que será que ouve?

O povo se afastando, conseguiu entrar e ver a companheira abraçada no pequenino corpo enrolado em um cobertor, aos prantos. Vendo o desespero, abraçou-a dizendo: Calma, negra, eu estou aqui.

Era inútil, ela estava inconsolável. Aos gritos. Clamava: Eu quero meu filho de volta, eu quero meu filhinho com vida e saúde.

Meu Deus, tudo menos isso. Meu Pai Ogum, o que será de nós agora? Os vizinhos tentam lhe consolar, com mensagens de resignação, vendo o sofrimento daquele chefe de família.

Ali todos choram, mulheres e crianças são tomadas de um choro convulsivo, de desespero.

Toma em seus braços o corpinho franzino do bebê, e vê que o rostinho suave, de traços delicados, ainda mantém a chupeta entre os lábios, parece um anjinho; não poderia dizer que a vida estava para se desvanecer tão de repente, como um sopro divino evaporasse e libertasse aquela criança de tanto sofrimento.

Oh, mundo cruel! Mais uma desgraça para nós que vivemos neste mundo tão miserável!

Tenho que voltar lá no Pai e avisá-lo, deve estar preocupado comigo.

Quando chegou o Batuque seguia para seu final. Entrou calmamente, não sabia como dar a notícia. Viu que o Xangô de seu Pai de santo estava no mundo, caminhou em sua direção, bateu cabeça e abraçou-o com dor e desespero. Ali se sentiu seguro, naqueles braços, muito havia chorado, as lágrimas corriam em seu rosto e foi tomado de um pranto lastimoso. Foi quando seu Pai Xangô lhe perguntou: Por que choras meu filho?

Sem poder responder, as palavras não saíam de sua boca, não conseguia formular um pensamento. Pai Xangô lhe falou: Tome meu manto, volta à tua casa, envolva teu filho nele e traga ele aqui.

Agarrou o mantinho encharcado de suor, dava para torcer de tanta umidade, lembrou que sua mulher sempre lavava aqueles mantinhos com carinho e respeito, secando sempre a sombra, pois eles eram sagrados, serviam unicamente para secar os Orixás.

Mantos sagrados porque tinham o suor e a umidade dos Orixás, que só os usavam quando vinham ao mundo, muitos humanos já haviam sido curados com o suor daqueles mantinhos sagrados.

Pensou: Mas de que adianta, se ele está se despedindo do mundo, o próprio médico o desenganara, no próximo ataque epilético a doença o levará para uma nova morada.

Mas quem era ele? Um comum mortal para duvidar de um Orixá, não teimaria nunca, caberia unicamente obedecer ao seu Pai Xangô. Voltou e encontrou seu menino ainda naquele estado de catalepsia, um sono mórbido deixava antever a moleza do corpinho frágil, com a respiração fraca. Tentou ouvir as batidas do coraçãozinho, notou o compasso lento, próprio de quem sofre uma ação disrítmica, causando danos no coração e no cérebro, o menino estava dentro de um ataque epilético. Pensou: Agora não tem mais volta.

Abraçou o menino, despiu suas roupinhas brancas, e deu de mão no manto ainda encharcado de suor do Pai Xangô e o envolveu. Enrolou-o em um pequeno cobertor e saiu pela porta do barraco, mesmo encontrando a resistência de alguns que diziam que ele estava louco em sair rua afora com o corpo molhado e febril daquele menino.

Chegando lá, entrou no meio do salão tendo nos braços o corpo de seu menino, entregou ao Pai Xangô dizendo: Tome, pois eu não quis magoá-lo, quando me perguntou por que choro, mas eu choro porque meu filho está morrendo.

Pai Xangô não quis pegar o menino, falou: Deixe-o aí no meio do salão, pois se ele quiser pegar os doces que eu trouxe para ele, terá de se levantar.

Dito isto entoou seu canto Nagorô naguiachaorô, Agô iê iê, Omodibau, Lai la.

O povo boquiaberto, sem ação, dividido entre o desespero e as lágrimas, respondia aquela que era a reza de misericórdia de Pai Xangô: Lai lai omodibau aiê omodibau lai lai omodibau aiê.

Ele, de joelhos postados no chão, viu quando o seu menino começou a engatinhar na direção do quarto de santo, no início lentamente, devagarzinho, foi se chegando, primeiro com dificuldade e depois afoitamente abraçou-se ao bolo de aniversário do Pai Xangô. Ali se lambuzou de glacê e doçura, como se saísse de um conto de fadas e encontrasse uma festa só para ele, todinha dele, devorou as cocadas, merengues da Mãe Yemanjá, doce de abóbora de Yansã, maria-mole de Oxalá, fazendo a maior festa, com a cumplicidade do Pai Xangô, que a esta altura fazia vista grossa àquele banquete do moleque.

O povo se prostrou de joelhos diante da misericórdia daquele Orixá: para nós que o conhecíamos, só poderíamos ser testemunhas de mais uma de suas façanhas corriqueiras e comuns. O menino voltou para a vida, desta vez sem o famoso Gardenal, remédio que nunca mais entrou naquele barraco. Mas, antes de partir Pai Xangô, disse aquela célebre frase que há mais de dois mil anos atrás um outro moço já dissera e nós pobres ignorantes ainda não conseguimos aprender: Oh, homens de pouca fé."

Meus irmãos, infelizmente se veem poucas Entidades como essas citadas acima.

Visto tudo o anteriormente exposto, cabe agora esclarecer outro problema: quais as pessoas suscetíveis de cair no transe. Algumas, muitas, nem todas, iniciadas, as já iniciadas ou mesmo as estranhas ao culto? Como sempre, demos a palavra a mestre Nina:

"Quase todos os filhos e filhas de santo são suscetíveis de uma manifestação desta natureza, e só como exceção o fato não se dará".

Em outras palavras, a correta afirmação de Nina aclara que nem todos os filhos de santo entram em transe.

"E o mais surpreendente é que muitas dessas pessoas confessam com honestidade que desejam ardentemente serem possuídas pelo dono de sua cabeça. Mas nunca o são. De outra parte, é fato sabido e curial em todo o Brasil, que pessoas absolutamente estranhas a tal culto, ao visitarem um terreiro pela primeira vez, sem nunca terem ouvido ou conhecido nada a respeito, entram em transe ao escutarem os tambores e as rezas rituais".

Para o Autor desta Obra, depois de ter lido esses e outros maravilhosos registros sobre o transe, deixados por grandes escritores e pesquisadores nacionais e estrangeiros que estudaram o assunto:

Seja o estado de transe considerado por muitas pessoas às vezes até sem cultura: de alto ou baixo grau de intensidade, delírio furioso e prolongado, perturbações delirantes em forma de possessão, ligeiros ataques histéricos, excitação, atordoamento passageiro, a crença na manifestação de uma entidade, a manifestação da verdadeira natureza da pessoa, animismo, psicológico, incorporação de um espírito, alucinação, obsessão, indução, hipnótico, sugestivo, sonambúlico, esquizofrênico, por estimulo etc.

Seja considerado o que for por quem quer que seja, estamos falando de nossas Entidades, (Energias, Forças, Poder, Intimidades, Crença, Fé, Amor, de nós Mesmos etc.). Não estamos falando de algo comum, e sim de algo que só saberemos o certo quando partimos dessa para melhor. Portanto meus irmãos, enquanto estivermos aqui neste plano terrestre, amem suas Entidades como amam a si mesmo, pois na hora da angústia, dores e aflições, é a elas que recorremos e sempre somos atendidos com sucesso.

Tratamento Espiritual

Aqui alguns tratamentos espirituais com Banhos, Defumações, Oferendas e pontos Cantados de Exu e Pomba Gira, que deverão ser feitos juntos e na sequência indicada, pois assim você terá um melhor resultado melhorando ainda mais a sua vida em todos os sentidos.

Banho para abrir os caminhos (Sugestão Exu 7 Encruzilhadas)

Louro
Cedro
Quebra-tudo ou Quebra-inveja
Arruda
Comigo-ninguém-pode
Espada de São Jorge
Amoreira

Defumação para abrir os caminhos
(Sugestão Exu 7 Encruzilhadas)

Amoreira

Hortelã

Pó de café virgem

Cravo

Mirra

Açúcar

Fumo em rolo ou desfiado

Oferenda para abrir os caminhos
(Sugestão Exu 7 Encruzilhadas)

Material Necessário:

Sete ovos crus

Sete velas vermelhas e pretas

Sete moedas

Sete padês de mel

Sete folhas de mamona

Sete caixas de fósforos

Modo de fazer:

Percorrer 7 encruzilhadas, deixando em cada uma 1 vela acesa, 1 ovo, 1 moeda e 1 padê (farinha de mandioca com mel), em cima da folha de mamona. Ir fazendo os pedidos até a sétima encruzilhada.

Obs.: Esta oferenda de abertura de caminho pode ser feita a qualquer Exu ou Pomba-Gira de encruzilhada. Não volte pela mesma rua.

Ponto que pode ser cantado ou recitado durante o Banho, Defumação e Oferenda

Se você preferir e souber, cante um ponto da Entidade sugestionada ou da Entidade que você for direcionar os Rituais.

Santo Antônio do mundo novo
Não deixai os seus filhos sós
Ai meu Santo Antônio
Desamarre os meus caminhos
Ai meu santo Antônio
Ilumine os meus caminhos
Santo Antônio do mundo novo
Não deixai os seus filhos sós
Ai meu Santo Antônio
Desamarre os meus caminhos
Ai meu santo Antônio
Ilumine os meus caminhos

Banho para atrair dinheiro (Sugestão Pomba-Gira Cigana)

Cravo (pode ser essência)
Canela (pode ser essência)
Açúcar mascavo
Folha da fortuna
Folha do dólar
Folha de louro
Folha de mamão
Folha de pitangueira
(Acrescente mel e perfume a gosto)

Defumação para atrair dinheiro (Sugestão Pomba-Gira Cigana)

Noz-moscada
Pão adormecido ralado
Farinha de milho
Breu
Folha de pitangueira
Canela pó
Cravo da Índia
Café em pó virgem

Oferenda para atrair dinheiro (Sugestão Pomba-Gira Cigana)

Material Necessário:

Sete moedas iguais
Sete rosas vermelhas
Sete cigarrilhas
Sete garrafas de champanhe
Mel de abelhas
Um vidro de água de flor de laranjeira
1m de morim vermelho ou papel de seda
Sete velas comuns vermelhas e pretas
Sete caixas de fósforos

Modo de fazer:

Numa encruzilhada, passe o morim no corpo da pessoa e estique-o no chão. Passe também o restante do material. Acenda as cigarrilhas e faça o pedido. A seguir, disponha as rosas sobre o morim e jogue a água de flor de laranjeira por cima. Regue a oferenda com mel de abelhas. Por fim, coloque as moedas, acenda as velas e peça à Pomba-Gira que abra seus caminhos para o dinheiro. Deixe as cigarrilhas acesas em cima das caixas de fósforos ao lado de cada champanhe.

Obs.: Esta oferenda pode ser feita a qualquer Pomba-Gira que não seja de almas. Se for para Exu (menos de alma), troque apenas as rosas por cravos e a cigarrilha por charuto e a champanhe por cachaça.

Ponto que pode ser cantado ou recitado durante o Banho, Defumação e Oferenda

Se você preferir e souber, cante um ponto da Entidade sugestionada ou da Entidade que você for direcionar os Rituais.

> Santo Antônio do mundo novo
> Não deixai os seus filhos sós
> Ai meu Santo Antônio
> Desamarre os meus caminhos
> Ai meu santo Antônio
> Ilumine os meus caminhos
> Santo Antônio do mundo novo
> Não deixai os seus filhos sós
> Ai meu Santo Antônio
> Desamarre os meus caminhos
> Ai meu santo Antônio
> Ilumine os meus caminhos

Banho de Limpeza e Descarrego (Sugestão Destranca-Rua ou Maria-Padilha)

Uma garrafa de cachaça se for homem
Uma garrafa de champanhe se for mulher

Um pacote de fumo desfiado ou fumo em ramo

Alevante

Obs.: Rale a erva e o fumo na cachaça (ou champanhe), deixe um pouco em fusão, coe e acrescente um pouco de água pura e está pronto o Banho (este banho não pode ser usado por pessoas iniciadas ou feitas na nação africana), despache na Rua.

Defumação de limpeza e descarrego (Sugestão Destranca-Rua ou Maria-Padilha)

Casca de alho

Folhas ou bagaço de cana

Casca de cebola

Hortelã-pimenta

Mirra

Folha de marmelo

Alfazema

Oferenda de limpeza e descarrego (Sacudimento) (Sugestão Destranca-Rua ou Maria-Padilha)

Material Necessário:

Sete bolos de farinha com água, pequenos (cru)

Sete acaçás (amido de milho cozido na água – espere esfriar e firmar e corte sete pedaços com a colher).

Sete moedas

Sete ovos crus

Sete velas vermelhas e pretas

Um papel de seda vermelho e um preto

Modo de fazer:

Passe cada elemento no corpo da pessoa, de uma só vez e numa encruzilhada, pedindo ao povo de rua para afastar toda perturbação que venha pelo lado de Egum, Feitiço, Inveja, Olho etc.

Coloque tudo em cima de um papel de seda vermelho e um preto e ofereça ao Exu Destranca-Rua ou Pomba-Gira Maria-Padilha.

Obs.: Deixe as velas acesas do lado com cuidado para não pegar fogo.

Ponto que pode ser cantado ou recitado durante o Banho, Defumação e Oferenda

Se você preferir e souber, cante um ponto da Entidade sugestionada ou da Entidade que você for direcionar os Rituais.

Santo Antônio do mundo novo

Não deixai os seus filhos sós

Ai meu Santo Antônio

Desamarre os meus caminhos

Ai meu santo Antônio

Ilumine os meus caminhos

Santo Antônio do mundo novo

Não deixai os seus filhos sós

Ai meu Santo Antônio

Desamarre os meus caminhos

Ai meu santo Antônio

Ilumine os meus caminhos

Banho para destrancar (tudo que estiver trancado) (Sugestão Tranca-Rua das Almas)

Alevante

Arruda-macho

Guiné de guampa

Erva-pombinha

Lança de São Jorge

Folha de cinamomo

Quebra-pedra

Defumação para destrancar (tudo que estiver trancado) (Sugestão Tranca-Rua das Almas)

Café em pó virgem

Alecrim

Incenso

Casca de alho

Casca de cebola

Pimenta da costa

Benjoim

Oferenda para destrancar (tudo que estiver trancado) (Sugestão Tranca-Rua das Almas)

Material Necessário:

Carne bovina moída

Carne suína moída

Tutano bovino

Farinha de mandioca

Um óleo de dendê

Três velas, (vermelha, branca e preta).

Uma caixa de fósforos

Um charuto

Uma garrafa de cachaça

Três pedaços de papel de seda, (vermelho, preto e branco).

Modo de fazer:

Para destrancar algumas coisas que estão trancadas há tempos, vá a uma encruzilhada e leve três padês para o Exu Destranca-Ruas das almas. Um padê (carne bovina moída misturada com farinha de mandioca e dendê), um padê (tutano bovino misturado com farinha de mandioca e dendê), outro padê (carne suína moída misturada com farinha de mandioca e dendê) três velas, branca, vermelha e preta (uma de cada cor), uma caixa de fósforos, uma garrafa de cachaça e um charuto. Coloque os três padês em forma de triângulo e em cima de cada pedaço de papel de seda branco, vermelho e preto.

Abra a garrafa de cachaça e circule os padês virando um pouco no chão, coloque a garrafa no centro do triângulo. Acenda as velas por fora de tudo em forma de triângulo também, acenda o charuto e coloque-o em cima da caixa de fósforos, ao lado da cachaça. Se for possível, faça numa encruzilhada próxima ao cemitério, Ofereça ao Exu Tranca-Rua das almas e faça seus pedidos.

Ponto que pode ser cantado ou recitado durante o Banho, Defumação e Oferenda

Se você preferir e souber, cante um ponto da Entidade sugestionada ou da Entidade que você for direcionar os Rituais.

Santo Antônio do mundo novo
Não deixai os seus filhos sós

Ai meu Santo Antônio
Desamarre os meus caminhos
Ai meu santo Antônio
Ilumine os meus caminhos
Santo Antônio do mundo novo
Não deixai os seus filhos sós
Ai meu Santo Antônio
Desamarre os meus caminhos
Ai meu santo Antônio
Ilumine os meus caminhos

Banho para o amor (Sugestão Maria-Padilha)

Casca de maçã
Casca de bergamota seca e ralada
Pétala de rosas vermelha
Perfume de alfazema
Flor de laranjeira (pode ser essência)
Erva-cidreira
Manjerona
Manjericão
(pode acrescentar mel e perfume a gosto)

Defumação para o amor (Sugestão Maria-Padilha)

Pétala de rosas vermelha
Dama da noite
Chamarisco
Manjerona

Manjericão
Malva-cheirosa
Alecrim
Açúcar-mascavo

Oferenda para o amor (Sugestão Maria-Padilha)

Material:

Uma travessa de louça branca ou alguidar de barro
21 corações de galinha
21 morangos
21 velas vermelhas
Mel de abelhas
Azeite de dendê
Pétalas de rosas vermelhas
Perfume
Um champanhe
Sete cigarros ou cigarrilhas
Sete caixas de fósforos

Modo de fazer:

Escreva o nome do seu pretendente, se tiver, em 21 pedaços de papel e ponha dentro de cada coração. Coloque-os dentro da travessa, e ao lado, acrescente os morangos. Regue com o mel e azeite de dendê e enfeite com pétalas de rosas. Entregue numa encruzilhada aberta, de terra, não muito movimentada e rodeie com as velas acesas, pedindo que Maria Padilha aproxime seu amor cada vez mais de você ou lhe traga um amor. Borrife o perfume por cima e em volta de tudo. Abra o champanhe, borrife um pouco por cima de tudo e deixe a garrafa na frente. Acenda os sete cigarros e coloque-os em cima das caixas de fósforos.

Obs.: Esta oferenda também pode ser feita a qualquer Pomba-Gira da Encruzilhada.

Ponto que pode ser cantado ou recitado durante o Banho, Defumação e Oferenda

Se você preferir e souber, cante um ponto da Entidade sugestionada ou da Entidade que você for direcionar os Rituais.

Santo Antônio do mundo novo
Não deixai os seus filhos sós
Ai meu Santo Antônio
Desamarre os meus caminhos
Ai meu santo Antônio
Ilumine os meus caminhos
Santo Antônio do mundo novo
Não deixai os seus filhos sós
Ai meu Santo Antônio
Desamarre os meus caminhos
Ai meu santo Antônio
Ilumine os meus caminhos

Banho para afastar espírito obsessor (Sugestão Exu–Caveira)

Folha da pitangueira
Folha de marmelo
Folha de Amoreira
Folha de Cambuí
Folha de Comigo-ninguém-pode

Defumação para afastar espírito obsessor (Sugestão Exu-Caveira)

Benjoim

Incenso

Mirra

Enxofre

Casca de alho

Café em pó virgem

Pitangueira

Folha de marmelo

Oferenda para afastar espírito obsessor (Sugestão Exu Caveira)

Material Necessário:

Farinha de trigo

Óleo de dendê

Nove pregos novos

Noventa centímetros de fita branca

Nove velas brancas

Uma caixa de fósforos

Folhas de mamona

Modo de fazer:

Faça um padê com a farinha e o óleo de dendê, coloque-o em folha de mamona e passe-o no corpo da pessoa. Passe também os nove pregos e crave-os no padê após as velas. Por último, a fita, que depois de passar na pessoa, deve ser totalmente enrolada no padê atando as duas pontas no final.

Faça um círculo em volta de tudo com as velas acesas e peça ao Exu-Caveira que livre a sua vida de todos os espíritos sem luz que tanto lhe incomodam e atrapalham.

Obs.: Esta oferenda pode ser feita no seu Assentamento, despachando no mato depois de nove dias, direto no mato, ou numa encruzilhada próximo ao cemitério para qualquer Exu ou Pomba-Gira de alma.

Ponto que pode ser cantado ou recitado durante o Banho, Defumação e Oferenda

Se você preferir e souber, cante um ponto da Entidade sugestionada ou da Entidade que você for direcionar os Rituais.

Santo Antônio do mundo novo
Não deixai os seus filhos sós
Ai meu Santo Antônio
Desamarre os meus caminhos
Ai meu santo Antônio
Ilumine os meus caminhos
Santo Antônio do mundo novo
Não deixai os seus filhos sós
Ai meu Santo Antônio
Desamarre os meus caminhos
Ai meu santo Antônio
Ilumine os meus caminhos

Banho para estabelecimentos comerciais (Sugestão Exu-Tiriri)

Folha de cacau
Folha da fortuna

Alevante
Pitangueira
Manjerona
Manjericão
(pode acrescentar Mel e Perfume a gosto)

Defumação para estabelecimentos comerciais (Sugestão Exu-Tiriri)

Gengibre ralado
Cravo da Índia
Semente de girassol
Louro
Açúcar mascavo
Noz-moscada ralada
Canela em pó
Breu

Oferenda para estabelecimentos comerciais (Sugestão Exu-Tiriri)

Material Necessário:

Terra do cruzeiro
Lixo do estabelecimento comercial
Sete folhas de jornais velhos
Sete moedas
Mel
Uma vela sete dias vermelha e preta

Modo de fazer:

Esta Oferenda somente pode ser feita por pessoas que tenham assentamento de Exu e Pomba-Gira em sua casa.

Numa segunda-feira pela manhã, bem cedo, vá um cruzeiro bem movimentado, de preferência que contenham bancos e lojas comerciais, apanhe sete punhados pequenos de terra. Varra seu comércio, apanhe uma pequena quanta de lixo que foi varrido, misture com a terra do cruzeiro e coloque em cima de sete folhas de jornais, crave as sete moedas em cima e coloque bastante mel por cima.

Vele no assentamento de Exu e Pomba-Gira, quatorze, ou vinte e uma horas e faça seus pedidos e devolva ao cruzeiro movimentado de onde você tirou, com bastante fé, firmeza e convicção de um bom resultado.

Ponto que pode ser cantado ou recitado durante o Banho, Defumação e Oferenda

Se você preferir e souber, cante um ponto da Entidade sugestionada ou da Entidade que você for direcionar os Rituais.

Santo Antônio do mundo novo

Não deixai os seus filhos sós

Ai meu Santo Antônio

Desamarre os meus caminhos

Ai meu santo Antônio

Ilumine os meus caminhos

Santo Antônio do mundo novo

Não deixai os seus filhos sós

Ai meu Santo Antônio

Desamarre os meus caminhos

Ai meu santo Antônio

Ilumine os meus caminhos

Banho para prosperidade (Sugestão Rei das 7 Encruzilhadas e Rainha das 7 encruzilhadas)

Folha de girassol (ou semente)

Folha de cidró

Folha de bananeira

Folha de coqueiro

Pétalas de rosas vermelhas

Folha de funcho (pode acrescentar mel e perfume a gosto)

Defumação para prosperidade (Sugestão Rei das 7 Encruzilhadas e Rainha das 7 encruzilhadas)

Gengibre ralado

Cravo da Índia

Folha de girassol

Folha de louro

Açúcar-mascavo

Noz-moscada ralada ou pó

Canela em pó

Breu

Oferenda para Exu e Pomba-Gira (Prosperidade) (Sugestão Rei das 7 Encruzilhadas e Rainha das 7 encruzilhadas)

Material Necessário:

Miúdos (bovinos, suínos, ovinos)

Farinha de milho grossa

Azeite de dendê

Alguidar de barro

Um champanhe

Uma garrafa de cachaça

Sete velas vermelhas e pretas

21 moedas qualquer valor – de preferência antigas

Modo de fazer:

Compre três tipos de miúdos (bovino, suíno, ovino), pique-os e cozinhe numa panela com bastante tempero. Feito isso, misture tudo com farinha de milho e um pouco de óleo de dendê. Coloque em um alguidar de barro e crave as moedas em cima e leve a uma encruzilhada aberta junto com uma garrafa de champanhe e uma garrafa de cachaça. Abra as bebidas e vire um pouco no chão, em forma de cruz, uma de cada lado da oferenda. Acenda as sete velas vermelhas e pretas em volta de tudo e ofereça ao Exu Rei das sete encruzilhadas e à Pomba-Gira Rainha das sete Encruzilhadas ou ao Exu e Pomba-Gira de sua preferência, faça os pedidos e retire-se.

Ponto que pode ser cantado ou recitado durante o Banho, Defumação e Oferenda

Se você preferir e souber, cante um ponto da Entidade sugestionada ou da Entidade que você for direcionar os Rituais.

Santo Antônio do mundo novo
Não deixai os seus filhos sós
Ai meu Santo Antônio
Desamarre os meus caminhos
Ai meu santo Antônio
Ilumine os meus caminhos

Santo Antônio do mundo novo
Não deixai os seus filhos sós
Ai meu Santo Antônio
Desamarre os meus caminhos
Ai meu santo Antônio
Ilumine os meus caminhos

Banho para Conseguir Emprego (Sugestão Exu Sete-Liras)

Folha de girassol (ou semente)
Folha de dinheirinho
Folha de bananeira
Folha de pitangueira
Folha de dólar
Folha de fortuna (pode acrescentar mel e perfume a gosto)

Defumação para conseguir emprego (Sugestão Exu Sete-Liras)

Miolo de pão adormecido
Cravo da Índia
Folha de girassol
Folha de louro
Açúcar-mascavo
Noz-moscada ralada ou pó
Canela em pó
Breu

Oferenda para conseguir emprego (Sugestão Exu Sete-Liras)

Material Necessário

Pó de emprego ou similar (comprado em floras)

Um alguidar médio de barro

Duas velas comuns brancas

Uma vela preta e vermelha

Mel

Óleo de dendê

2 kg de farinha de mandioca crua

Uma cebola grande

Uma garrafa de cachaça

Um charuto

Uma caixa de fósforos

Sete moedas com ou sem valor

1m de morim (ou papel de seda) branco virgem

Modo de fazer:

Misture 1 kg de farinha com mel e 1 kg com óleo de dendê até formar uma farofa. Coloque no alguidar, a metade de cada lado. Corte a cebola em rodelas e junto com as moedas e enfeite as farofas por cima. Jogue também o pó e arrie tudo numa encruzilhada, à noite. Acenda as velas, abra a cachaça e vire um pouco no chão. Acenda o charuto e arrume tudo em cima do morim. Faça o encantamento: Kobá, Laroiê Exu Sete-Liras, Amojubá Exu Sete-Liras. Faça, em seguida, o pedido que desejar. Essa Oferenda é oferecida a Exu Sete-Liras e deve ser feito numa segunda-feira.

Obs.: Essa Oferenda pode ser feita a outro Exu de Encruzilhada ou ao Exu de sua preferência.

Ponto que pode ser cantado ou recitado durante o Banho, Defumação e Oferenda

Se você preferir e souber cante um ponto da Entidade sugestionada ou da Entidade que você for direcionar os Rituais.

> Santo Antônio do mundo novo
> Não deixai os seus filhos sós
> Ai meu Santo Antônio
> Desamarre os meus caminhos
> Ai meu santo Antônio
> Ilumine os meus caminhos
> Santo Antônio do mundo novo
> Não deixai os seus filhos sós
> Ai meu Santo Antônio
> Desamarre os meus caminhos
> Ai meu santo Antônio
> Ilumine os meus caminhos

Banho para Saúde (Sugestão Exu-Veludo)

Tapete de Oxalá

Cidró

Erva-cidreira

Folha de coqueiro

Pétalas de rosas brancas

Funcho (pode acrescentar mel e perfume a gosto)

Defumação para Saúde (Sugestão Exu-Veludo)

Incenso
Folha de coqueiro
Folha de girassol
Alevante
Funcho
Manjericão

Troca para Saúde (Sugestão Exu-Veludo)

Material Necessário:

Milho de galinha torrado e bem escuro
Papel de seda – vermelho e preto
Sete velas vermelhas e pretas
Milho de pipoca
Sete varas de marmelo
Uma garrafa de cachaça
Sete charutos comuns
Sete caixas de fósforos
Um vidro de óleo de dendê
Um vidro de mel
Uma roupa velha da pessoa para vestir na hora do ritual

Modo de fazer:

Passe na pessoa em frente ao seu Assentamento de Exu ou Pomba-Gira, no Mato, encruzilhada ou no cemitério, um milho torrado bem escuro enrolado em papel de seda vermelho e preto, sete velas vermelha e preta, pipoca enrolada em papel de seda vermelho e preto, sete varas de marmelo, uma garrafa de cachaça e sete charutos comuns. Enquanto você abre (arria), os pacotes, a pessoa deve tirar a roupa velha que está usando por cima da roupa normal. Com muita raiva, passe a roupa por todo o corpo ela mesma e depois a rasgue e pisoteie-a bastante pedindo que se destrua todo o mal que aflige sua saúde. Feito isso, coloque a roupa rasgada e pisoteada junto aos pacotes que já deverão estar abertos no chão. A pessoa que estiver fazendo o trabalho deve acender as velas e quebrar as varas de marmelo, colocando em cima de tudo e depois derramando a garrafa de cachaça, um vidro de dendê e mel por cima de tudo chamando pelo Exu-Veludo.

Obs.: Essa troca para saúde pode ser feita com qualquer Exu ou Pomba-Gira até mesmo de almas. Se for para Pomba-Gira, troque a cachaça por champanhe e o charuto por cigarrilhas.

Ponto que pode ser cantado ou recitado durante o Banho, Defumação e Oferenda

Se você preferir e souber, cante um ponto da Entidade sugestionada ou da Entidade que você for direcionar os Rituais.

Santo Antônio do mundo novo
Não deixai os seus filhos sós
Ai meu Santo Antônio
Desamarre os meus caminhos
Ai meu santo Antônio
Ilumine os meus caminhos
Santo Antônio do mundo novo
Não deixai os seus filhos sós
Ai meu Santo Antônio
Desamarre os meus caminhos
Ai meu santo Antônio
Ilumine os meus caminhos

Caso você não encontre uma determinada erva, essa poderá ser substituída por essência da mesma, Orô ou Alevante. Essas ervas podem ser adicionadas em qualquer tipo de Banho ou Defumação, independente de sua finalidade.

Quanto ao banho, se for para atrair coisas boas, o número a ser tomado deve ser: par: 2, 4, 6. E o número de ervas referente ao banho também deve ser par.

Se for para limpeza e descarrego, o número de banho a ser tomado deve ser ímpar: 1, 3, 5. E o número de ervas referente ao banho também deve ser ímpar.

Quanto à defumação, se for para atrair coisas boas, o número de defumações a ser feita deve ser par: 2, 4, 6. E o número de ervas referente à defumação também deve ser par.

Se for para limpeza e descarrego, o número de defumações a ser feita deve ser ímpar: 1, 3, 5. E o número de ervas referente à defumação também deve ser ímpar.

Quanto ao intervalo de dias do banho para a defumação e oferenda, eu aconselho que seja feito: numa semana o banho (s), na outra a defumação (s), na outra a oferenda. Evite a lua minguante para começar os rituais, a não ser que os mesmo sejam para limpeza e descarrego.

Os três rituais têm que ter a mesma finalidade, ou finalidades parecidas e serem direcionados às mesmas Entidades, caso contrário, não terá efeito algum.

Exemplo: banho para o amor, defumação para o amor, oferenda para o amor. Quando estiver tomando banho, fazendo a defumação, entregando a oferenda, cante ou recite o ponto sugestionado para cada tratamento espiritual.

Quanto às Oferendas, elas podem ser feitas todas no seu Assentamento independente para qual Exu ou Pomba-Gira é destinada. Ou direta nos lugares adequados aos Exus e Pombas-Gira.

Um abraço fraterno a você e às suas entidades!

Reflita essas Palavras

Qual de nós não tem nenhum defeito?
Qual de nós não tem uma virtude?
Precisamos só achar um jeito
de suavizar o lado rude;
vamos ajudar-nos mutuamente
e somar as nossas qualidades
pra fazer um mundo diferente
e tirar a força da maldade.

A felicidade só começa
quando cessam as desigualdades,
quando todos compartilham sonhos
e não usam mal a liberdade;
o mestre falou: sede perfeitos,
e nos ensinou esta lição
que somente o amor será eterno;
nele está a nossa salvação,
um dia todos nós seremos anjos.
Vamos trabalhar
e acreditar
que no futuro nós seremos anjos
no planeta onde o amor,
unicamente o amor,
há de reinar,
e assim será.

(Fonte Grupo Acorde)

Algumas Personificações na Umbanda

Boiadeiros	Almas desencarnadas de altíssima evolução portadoras de muita luz.
Caboclos	Almas desencarnadas de altíssima evolução portadoras de muita luz.
Exus	Almas desencarnadas portadoras de muita luz, mas que ainda estão em estágio de evolução.
Iansã	Santa Bárbara.
Ibeji, Erês	São Cosme e São Damião, (almas desencarnadas de crianças portadoras de muita luz).
Iemanjá	N. S. dos Navegantes.
Marinheiros	Almas desencarnadas de altíssima evolução portadoras de muita luz.
Nanã	Sant'Anna.
Ogum	São Jorge.
Olorum	Deus
Oxalá	Jesus Cristo.
Oxóssi	São Sebastião.
Oxum	N. S. Aparecida, Imaculada Conceição.
Pombas-Gira	Almas desencarnadas portadoras de muita luz, mas que ainda estão em estágio de evolução.

Pretos-Velhos	Almas desencarnadas de altíssima evolução portadoras de muita luz.
Tupã	Deus.
Xangô	São Jerônimo.
Zãmbi	Deus.

Obs.: Algumas dessas personificações podem variar de um Estado para outro Estado.

Recomendações Finais

1. Não faça nenhum ritual de banhos, defumações ou oferendas quando estiver em período menstrual.
2. Não faça nenhum ritual de banhos, defumações ou oferendas quando tiver ingerido bebida alcoólica.
3. Quando você realizar algum ritual de banho, oferenda e defumações, procure evitar relações sexuais pelo menos 24hrs antes da realização do ritual.
4. Não faça nenhum ritual de banhos, defumações e oferendas após ter ido ao cemitério ou velório, salvo se você se descarregar depois, ou quando estiver chovendo.
5. Não faça nenhum ritual se estiver nervoso, agitado ou até mesmo se tiver discutido com alguém.
6. Procure não fazer nenhum ritual usando roupa preta, salvo se for para Exu.
7. Sempre que você fizer um ritual na praia, rio ou mata, cachoeira, cemitério, encruzilhada etc., em primeiro lugar saúde as Entidades que ali residem, pedindo licença para realizar o ritual a uma determinada Entidade. Caso você não saiba o nome das Entidades que ali residem, saúde assim: *"Salve Umbanda, Salve Quimbanda, Salve Povo da Mata, Salve Povo da Rua, Salve Povo do Cemitério, Salve da Praia, Salve os Preto-Velhos etc."* (conforme o local da oferenda).

8. Sempre que você desejar saudar uma Entidade que você saiba o nome e vai oferecer um ritual use a palavra "Salve" antes do nome da Entidade. Por exemplo: Salve Iemanjá, Salve Exu Tranca-Rua, Salve o Preto-Velho Pai João, Salve Cosme e Damião etc.

9. Todo tratamento espiritual não exime o paciente em caso de doença que necessite de ajuda médica, se já está sob tais cuidados, deve continuá-los.

10. Leia este livro com atenção antes de realizar qualquer ritual. Caso não tenha entendido bem, não o realize; procure alguém que possa orientá-lo melhor.

Boa sorte!

Outras publicações

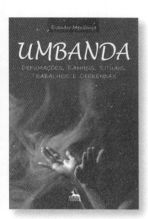

UMBANDA – DEFUMAÇÕES, BANHOS, RITUAIS, TRABALHOS E OFERENDAS

Evandro Mendonça

Rica em detalhes, a obra oferece ao leitor as minúcias da prática dos rituais, dos trabalhos e das oferendas que podem mudar definitivamente a vida de cada um de nós. Oferece também os segredos da defumação assim como os da prática de banhos. Uma obra fundamental para o umbandista e para qualquer leitor que se interesse pelo universo do sagrado. Um livro necessário e essencialmente sério, escrito com fé, amor e dedicação.

Formato: 16 x 23 cm – 208 páginas

PRETO-VELHO E SEUS ENCANTOS

Evandro Mendonça inspirado pelo Africano São Cipriano

Os Pretos-Velhos têm origens africana, ou seja: nos negros escravos contrabandeados para o Brasil, que são hoje espíritos que compõe as linhas Africanas e linhas das Almas na Umbanda.

São almas desencarnadas de negros que foram trazidos para o Brasil como escravos, e batizados na igreja católica com um nome brasileiro. Hoje incorporam nos seus médiuns com a intenção de ajudar as almas das pessoas ainda encarnadas na terra.

A obra aqui apresentada oferece ao leitor preces, benzimentos e simpatias que oferecidas aos Pretos-Velhos sempre darão um resultado positivo e satisfatório.

Formato: 16 x 23 – 176 páginas

Outras publicações

EXU E SEUS ASSENTAMENTOS

Evandro Mendonça inspirado pelo Senhor Exu Marabo

Todos nós temos o nosso Exu individual. É ele quem executa as tarefas do nosso Orixá, abrindo e fechando tudo. É uma energia vital que não morre nunca, e ao ser potencializado aqui na Terra com Assentamentos (ponto de força), passa a dirigir todos os caminhos de cada um de nós, procurando sempre destrancar e abrir o que estive fechado ou trancado.

Formato: 16 x 23 – 176 páginas

POMBA-GIRA E SEUS ASSENTAMENTOS

Evandro Mendonça inspirado pela Senhora Pomba-Gira Maria Padilha

Pomba-Gira é uma energia poderosa e fortíssima. Atua em tudo e em todos, dia e noite. E as suas sete ponteiras colocadas no Assentamento com as pontas para cima representam os sete caminhos da mulher. Juntas às outras ferramentas, ervas, sangue, se potencializam tornando os caminhos mais seguros de êxitos. Hoje é uma das entidades mais cultuadas dentro da religião de Umbanda. Vive na Terra, no meio das mulheres. Tanto que os pedidos e as oferendas das mulheres direcionadas à Pomba-Gira têm um retorno muito rápido, na maioria das vezes com sucesso absoluto.

Formato: 16 x 23 – 176 páginas

CIGANOS – MAGIAS DO PASSADO DE VOLTA AO PRESENTE

Evandro Mendonça

Na Magia, como em todo preceito espiritual e ritual cigano, para que cada um de nós tenha um bom êxito e consiga o que deseja, é fundamental que tenhamos fé, confiança e convicção. E, naturalmente, confiança nas forças que o executam. Para isso é fundamental que acreditemos nas possibilidades das coisas que queremos executar.

Formato: 16 x 23 – 176 páginas

A MAGIA DE SÃO COSME E SÃO DAMIÃO

Evandro Mendonça

Algumas lendas, histórias e relatos contam que São Cosme e São Damião passavam dias e noites dedicados a cura tanto de pessoas como animais sem nada cobrar, por esse motivo foram sincretizados como "santos dos pobres" e também considerados padroeiros dos médicos.

Não esquecendo também seu irmão mais novo chamado Doúm, que junto fez parte de todas as suas trajetórias.

A obra oferece ao leitor algumas preces, simpatias, crenças, banhos e muitas outras curiosidades de São Cosme e São Damião.

Formato: 14 x 21 cm – 136 páginas

Outras publicações

ARSENAL DE UMBANDA

Evandro Mendonça

O livro "Arsenal da Umbanda" e outros livros inspirados pelo médium Evandro Mendonça e seus mentores, visa resgatar a Umbanda no seu princípio básico, que é ligar o homem aos planos superiores. Atos saudáveis como o de acender uma vela ao santo de sua devoção, tomar um banho de descarga, levar um patuá para um Preto--Velho, benzer-se, estão sendo esquecidos nos dias de hoje, pois enquanto uns querem ensinar assuntos complexos, outros só querem saber de festas e notoriedade.

Umbanda é sabedoria, religião, ciência, luz emanada do alto, amor incondicional, crença na Divindade Maior. Umbanda é a própria vida.

Formato: 16 x 23 cm – 208 páginas

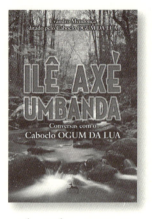

ILÊ AXÉ UMBANDA

Evandro Mendonça ditado pelo Caboclo Ogum da Lua

Filhos de Umbanda e meus irmãos em espíritos, como o tempo e o espaço são curtos, vou tentar resumir um pouco de cada assunto dos vários que eu gostaria muito de falar, independentemente da religião de cada um. Não são palavras bonitas e talves nem bem colocadas na ordem certa desta descrita, mas são palavras verdadeiras, que esse humilde Caboclo, portador de muita luz, gostaria de deixar para todos vocês, que estão nesse plano em busca da perfeição do espírito, refletirem.

Formato: 16 x 23 – 136 páginas

O GUARDIÃO DOS MARES – A FORÇA DE UMA ADAGA

Amanda Paulino Batista – Pelo espírito *Pedro*

Neste livro, Pedro conta sua história onde, desde menino, decide assumir os riscos da vida de pirata na procura de se encontrar e viver uma falsa vida de prazeres.

Mas a realidade vivida é bem diferente do que suas expectativas e mesmo depois de conhecer melhor e entender alguns aspectos de sua vida, ele volta a tomar decisões equivocadas e caminhar pelo caminho que lhe parece mais fácil, caminho este que lhe traz consequências difíceis de ser enfrentadas. Entretanto, ele passa a compreender melhor a lei divina, e a partir desta compreensão, sua atuação junto a lei garante que ele repare o mal que foi feito, passando a compreender melhor o seu destino.

Formato: 16 x 23 – 136 páginas

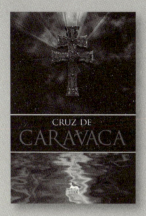

CRUZ DE CARAVACA

A Cruz de Caravaca é um relicário de força espiritual que pode ser usado no quarto de doentes ou para ajudar nas orações. O fiel pode rezar olhando para ela, o que tornará seu pedido mais efetivo.

Seus mistérios se perdem na história, como a poderosa fortaleza de Caravaca.

Este livro, com o tempo, se tornará um talismã de muita energia espiritual se o devoto tratá-lo com respeito de um objeto santo, não emprestando e deixando em um lugar especial e de respeito na sua casa. Quanto mais o usar, mais forte ele se tornará.

Formato: 14 x 21 – 128 páginas

Contato com autor:

evandrorosul@bol.com.br

Distribuição exclusiva

www.aquarolibooks.com.br